Édition bilingue
ALLEMAND-FRANÇAIS
avec lecture audio intégrée

Pour écouter la lecture de ce livre
dans sa version allemande ou dans sa traduction française
scannez le code en début de chapitre avec :
votre téléphone portable, votre tablette
ou bien votre webcam depuis le site https://webqr.com

Roman
Littérature allemande

Titre original :
PETER SCHLEMIHLS WUNDERSAME GESCHICHTE

Traduction française :
Hippolyte de Chamisso

Lecture en allemand :
Hokuspokkus

Lecture en français :
René Depasse

ISBN : 978-2-37808-029-7
© L'Accolade Éditions, 2019

ADELBERT VON CHAMISSO

L'ÉTRANGE HISTOIRE DE
PETER SCHLEMIHL

ACCOLADE
Éditions

I

Nach einer glücklichen, jedoch für mich sehr beschwerlichen Seefahrt, erreichten wir endlich den Hafen. Sobald ich mit dem Boote ans Land kam, belud ich mich selbst mit meiner kleinen Habseligkeit, und durch das wimmelnde Volk mich drängend, ging ich in das nächste, geringste Haus hinein, vor welchem ich ein Schild hängen sah. Ich begehrte ein Zimmer, der Hausknecht maß mich mit einem Blick und führte mich unters Dach. Ich ließ mir frisches Wasser geben, und genau beschreiben, wo ich den Herrn Thomas John aufzusuchen habe: – »Vor dem Nordertor, das erste Landhaus zur rechten Hand, ein großes, neues Haus, von rot und weißem Marmor mit vielen Säulen.« Gut. – Es war noch früh an der Zeit, ich schnürte sogleich mein Bündel auf, nahm meinen neu gewandten schwarzen Rock heraus, zog mich reinlich an in meine besten Kleider, steckte das Empfehlungsschreiben zu mir, und setzte mich alsbald auf den Weg zu dem Manne, der mir bei meinen bescheidenen Hoffnungen förderlich sein sollte.

I

Nous entrâmes au port après une heureuse traversée qui, cependant, n'avait pas été pour moi sans fatigue. Dès que le canot m'eut mis à terre, je me chargeai moi-même de mon très mince bagage, et, fendant la foule, je gagnai la maison la plus prochaine, et la plus modeste de toutes celles où je voyais pendre des enseignes. Je demandai une chambre. Le garçon d'auberge, après m'avoir toisé d'un coup d'œil, me conduisit sous le toit. Je me fis donner de l'eau fraîche, et m'informai de la demeure de M. Thomas John. « Sa maison de campagne, me dit-il, est la première à main droite, en sortant par la porte du Nord ; c'est le palais neuf aux colonnades de marbre. » Il était encore de bonne heure ; j'ouvris ma valise, j'en tirai mon frac noir, récemment retourné, et, m'étant habillé le plus proprement possible, je me mis en chemin, muni de la lettre de recommandation qui devait intéresser à mes modestes espérances le patron chez qui j'allais me présenter.

Nachdem ich die lange Norderstraße hinaufgestiegen, und das Tor erreicht, sah ich bald die Säulen durch das Grüne schimmern – »also hier«, dacht ich. Ich wischte den Staub von meinen Füßen mit meinem Schnupftuch ab, setzte mein Halstuch in Ordnung, und zog in Gottes Namen die Klingel. Die Tür sprang auf. Auf dem Flur hatt ich ein Verhör zu bestehn, der Portier ließ mich aber anmelden, und ich hatte die Ehre, in den Park gerufen zu werden, wo Herr John – mit einer kleinen Gesellschaft sich erging. Ich erkannte gleich den Mann am Glanze seiner wohlbeleibten Selbstzufriedenheit. Er empfing mich sehr gut, – wie ein Reicher einen armen Teufel, wandte sich sogar gegen mich, ohne sich jedoch von der übrigen Gesellschaft abzuwenden, und nahm mir den dargehaltenen Brief aus der Hand.

»So, so! von meinem Bruder, ich habe lange nichts von ihm gehört. Er ist doch gesund? – Dort«, fuhr er gegen die Gesellschaft fort, ohne die Antwort zu erwarten, und wies mit dem Brief auf einen Hügel, »dort laß ich das neue Gebäude aufführen.«

Er brach das Siegel auf und das Gespräch nicht ab, das sich auf den Reichtum lenkte.

»Wer nicht Herr ist wenigstens einer Million«, warf er hinein, »der ist, man verzeihe mir das Wort, ein Schuft!«

Après avoir monté la longue rue du Nord et passé la barrière, je vis bientôt briller les colonnes à travers les arbres qui bordaient la route. C'est donc ici, me dis-je. J'essuyai avec mon mouchoir la poussière de mes souliers, j'arrangeai les plis et le nœud de ma cravate, et, à la garde de Dieu, je tirai le cordon de la sonnette. La porte s'ouvrit. Il me fallut d'abord essuyer un interrogatoire, mais enfin le portier voulut bien me faire annoncer, et j'eus l'honneur d'être appelé dans le parc, où M. John se promenait avec sa société. Je le reconnus aisément à l'air de suffisance qui régnait sur son visage arrondi. J'eus à me louer de son accueil, qui toutefois ne me fit pas oublier la distance qui sépare un homme riche d'un pauvre diable. Il fit un mouvement vers moi, sans pourtant se séparer de sa société, prit la lettre de recommandation que je lui présentais, et dit en regardant l'adresse :

« De mon frère ! il y a bien longtemps que je n'ai entendu parler de lui. Il se porte bien ? »

Et, sans attendre ma réponse, il se retourna vers son monde, montrant avec la lettre une colline qui s'élevait à quelque distance.

« C'est là, dit-il, que je veux construire le nouveau bâtiment dont je vous ai parlé. »

Puis il brisa le cachet, sans toutefois interrompre la conversation, qui roulait sur les avantages de la fortune.

« Celui qui ne possède pas au moins un million, dit-il, n'est (pardonnez-moi le mot), n'est qu'un *gueux*. »

»O wie wahr!« rief ich aus mit vollem überströmenden Gefühl. Das mußte ihm gefallen, er lächelte mich an und sagte:

»Bleiben Sie hier, lieber Freund, nachher hab ich vielleicht Zeit, Ihnen zu sagen, was ich hiezu denke«, er deutete auf den Brief, den er sodann einsteckte, und wandte sich wieder zu der Gesellschaft. – Er bot einer jungen Dame den Arm, andere Herren bemühten sich um andere Schönen, es fand sich, was sich paßte, und man wallte dem rosenumblühten Hügel zu.

Ich schlich hinterher, ohne jemandem beschwerlich zu fallen, denn keine Seele bekümmerte sich weiter um mich. Die Gesellschaft war sehr aufgeräumt, es ward getändelt und gescherzt, man sprach zuweilen von leichtsinnigen Dingen wichtig, von wichtigen öfters leichtsinnig, und gemächlich erging besonders der Witz über abwesende Freunde und deren Verhältnisse. Ich war da zu fremd, um von alle dem vieles zu verstehen, zu bekümmert und in mich gekehrt, um den Sinn auf solche Rätsel zu haben.

Wir hatten den Rosenhain erreicht. Die schöne Fanny, wie es schien, die Herrin des Tages, wollte aus Eigensinn einen blühenden Zweig selbst brechen, sie verletzte sich an einem Dorn, und wie von den dunkeln Rosen, floß Purpur auf ihre zarte Hand. Dieses Ereignis brachte die ganze Gesellschaft in Bewegung. Es wurde Englisch Pflaster gesucht. Ein stiller, dünner, hagrer, länglichter, ältlicher Mann, der neben mitging,

« Quelle vérité ! » m'écriai-je avec l'accent d'une douloureuse conviction. L'expression de ma voix le fit sourire ; il se tourna vers moi.

« Restez, mon ami, me dit-il, peut-être plus tard aurai-je le temps de vous dire ce que je pense de votre affaire. »

Il mit dans sa poche la lettre qu'il avait parcourue des yeux, et offrit le bras à une jeune dame. Le reste de la société l'imita ; chacun s'empressa auprès de la beauté qui l'intéressait. Les groupes se formèrent, et on s'achemina vers la colline émaillée de fleurs que M. John avait désignée.

Pour moi, je fermais la marche, sans être à charge à personne, car personne ne faisait attention à moi. Tour à tour on folâtrait, on parlait avec gravité de choses vaines et futiles, on traitait avec légèreté les sujets les plus graves, et l'épigramme s'aiguisait, surtout aux dépens des absents. J'étais trop peu fait à ce genre de conversation, trop étranger dans ce cercle, et trop préoccupé pour avoir l'esprit à ce qui se disait, et m'amuser de tant d'énigmes.

On avait atteint le bosquet, lorsque la jeune Fanny, qui semblait être l'héroïne du jour, s'entêta à vouloir arracher une branche de rosier fleurie. Une épine la blessa, et quelques gouttes de sang vermeil relevèrent encore la blancheur de sa main. Cet événement mit toute la société en mouvement. On demandait, on cherchait du taffetas d'Angleterre. Un homme âgé, pâle, grêle, sec et effilé, qui suivait la troupe en silence et à l'écart,

und den ich noch nicht bemerkt hatte, steckte sogleich die Hand in die knapp anliegende Schoßtasche seines altfränkischen, grautaffentnen Rockes, brachte eine kleine Brieftasche daraus hervor, öffnete sie, und reichte der Dame mit devoter Verbeugung das Verlangte. Sie empfing es ohne Aufmerksamkeit für den Geber und ohne Dank, die Wunde ward verbunden, und man ging weiter den Hügel hinan, von dessen Rücken man die weite Aussicht über das grüne Labyrinth des Parkes nach dem unermeßlichen Ozean genießen wollte.

Der Anblick war wirklich groß und herrlich. Ein lichter Punkt erschien am Horizont zwischen der dunklen Flut und der Bläue des Himmels. »Ein Fernrohr her!« rief John, und noch bevor das auf den Ruf erscheinende Dienervolk in Bewegung kam, hatte der graue Mann, bescheiden sich verneigend, die Hand schon in die Rocktasche gesteckt, daraus einen schönen Dollond hervorgezogen, und es dem Herrn John eingehändigt.

Dieser, es sogleich an das Aug bringend, benachrichtigte die Gesellschaft, es sei das Schiff, das gestern ausgelaufen, und das widrige Winde im Angesicht des Hafens zurücke hielten. Das Fernrohr ging von Hand zu Hand, und nicht wieder in die des Eigentümers; ich aber sah verwundert den Mann an, und wußte nicht, wie die große Maschine aus der winzigen Tasche herausgekommen war; es schien aber niemandem aufgefallen zu sein, und man bekümmerte sich nicht mehr um den grauen Mann, als um mich selber.

et que je n'avais pas encore remarqué, accourut, et glissant la main dans la poche étroite de son antique juste-au-corps de taffetas gris cendré, en tira un petit portefeuille, l'ouvrit, et avec la plus profonde révérence présenta à la dame ce qu'elle demandait. Elle accepta ce service avec distraction, et sans adresser le plus léger remerciement à celui qui le lui rendait. La plaie fut pansée, et l'on continua à gravir la colline, du sommet de laquelle les yeux s'égaraient sur un labyrinthe de verdure, pour se reposer, plus loin, sur l'immensité de l'Océan. La perspective était en effet magnifique.

Un point lumineux se faisait remarquer à l'horizon, entre le vert foncé des flots et l'azur du ciel. — « Une lunette ! » s'écria M. John. — À peine les laquais, accourus à la voix du maître, avaient entendu ses ordres, que déjà l'homme en habit gris, s'inclinant d'un air respectueux, avait remis la main dans sa poche et en avait tiré un très beau télescope qu'il avait présenté à M. John.

Celui-ci, considérant l'objet lointain, annonça à la société que c'était le vaisseau qui, la veille, était sorti du port, et que les vents contraires retenaient à la vue des côtes. La lunette d'approche passa de main en main, mais ne revint point dans celles de son propriétaire. Quant à moi, j'examinai cet homme avec surprise, et je ne pouvais comprendre comment un si long instrument avait pu tenir dans sa poche ; mais personne ne semblait y prendre garde, et l'on ne s'inquiétait pas plus de l'homme en habit gris que de moi.

Erfrischungen wurden gereicht, das seltenste Obst aller Zonen in den kostbarsten Gefäßen. Herr John machte die Honneurs mit leichtem Anstand und richtete da zum zweiten Mal ein Wort an mich:

»Essen Sie nur; das haben Sie auf der See nicht gehabt.«

Ich verbeugte mich, aber er sah es nicht, er sprach schon mit jemand anderem.

Man hätte sich gern auf den Rasen, am Abhange des Hügels, der ausgespannten Landschaft gegenüber gelagert, hätte man die Feuchtigkeit der Erde nicht gescheut. Es wäre göttlich, meinte wer aus der Gesellschaft, wenn man türkische Teppiche hätte, sie hier auszubreiten. Der Wunsch war nicht so bald ausgesprochen, als schon der Mann im grauen Rock die Hand in der Tasche hatte, und mit bescheidener, ja demütiger Geberde einen reichen, golddurchwirkten türkischen Teppich daraus zu ziehen bemüht war. Bediente nahmen ihn in Empfang, als müsse es so sein, und entfalteten ihn am begehrten Orte. Die Gesellschaft nahm ohne Umstände Platz darauf; ich wiederum sah betroffen den Mann, die Tasche, den Teppich an, der über zwanzig Schritte in der Länge und zehn in der Breite maß, und rieb mir die Augen, nicht wissend, was ich dazu denken sollte, besonders da niemand etwas Merkwürdiges darin fand.

Ich hätte gern Aufschluß über den Mann gehabt, und gefragt, wer er sei, nur wußt ich nicht, an wen ich mich richten sollte, denn ich fürchtete mich fast noch mehr vor den Herren Bedienten, als vor den bedienten Herren.

On offrit des rafraîchissements ; les fruits les plus rares, les plus exquis, furent servis dans des corbeilles élégantes et sur les plus riches plateaux. M. John faisait avec aisance les honneurs de la collation. Il m'adressa pour la seconde fois la parole:

« Prenez, me dit-il, cela vous manquait à bord. »

Je m'inclinai pour lui répondre, mais déjà il causait avec un autre.

Si l'on n'eût craint l'humidité du gazon, on se serait assis sur le penchant de la colline, pour jouir de la beauté du paysage. — « Il serait ravissant, dit quelqu'un de la société, de pouvoir étendre ici des tapis. » À peine ce vœu avait été prononcé, que déjà l'homme en habit gris avait la main dans sa poche, occupé, de l'air le plus humble, à en faire sortir une riche étoffe de pourpre, brodée d'or. Les domestiques la reçurent tranquillement de ses mains, et la déroulèrent sur l'herbe : toute la société y prit place. Moi, stupéfait, je considérais tour à tour et l'homme, et la poche, et le tapis, qui avait plus de vingt aunes de long, sur dix de large. Je me frottais les yeux, et je ne savais que penser, que croire, en voyant surtout que personne ne témoignait la moindre surprise.

J'aurais voulu m'informer quel était cet homme, mais je ne savais à qui m'adresser, car j'étais aussi timide envers messieurs les valets qu'envers le reste de la société.

Ich faßte endlich ein Herz, und trat an einen jungen
Mann heran, der mir von minderem Ansehen schien als
die andern, und der öfter allein gestanden hatte. Ich bat
ihn leise, mir zu sagen, wer der gefällige Mann sei dort
im grauen Kleide.

»Dieser, der wie ein Ende Zwirn aussieht? der einem
Schneider aus der Nadel entlaufen ist?«

»Ja, der allein steht –«

»Den kenn ich nicht«, gab er mir zur Antwort,
und, wie es schien, eine längere Unterhaltung mit
mir zu vermeiden, wandt er sich weg und sprach von
gleichgültigen Dingen mit einem andern.

Die Sonne fing jetzt stärker zu scheinen an, und ward
den Damen beschwerlich; die schöne Fanny richtete
nachlässig an den grauen Mann, den, so viel ich weiß,
noch niemand angeredet hatte, die leichtsinnige Frage:
ob er nicht auch vielleicht ein Zelt bei sich habe?
Er beantwortete sie durch eine so tiefe Verbeugung,
als widerfahre ihm eine unverdiente Ehre, und hatte
schon die Hand in der Tasche, aus der ich Zeuge,
Stangen, Schnüre, Eisenwerk, kurz, alles, was zu dem
prachtvollsten Lustzelt gehört, herauskommen sah. Die
jungen Herren halfen es ausspannen, und es überhing die
ganze Ausdehnung des Teppichs – und keiner fand noch
etwas Außerordentliches darin.

Je m'enhardis enfin, et m'approchant d'un jeune homme qui me semblait sans conséquence, et qu'on avait souvent laissé seul, je le priai à demi-voix de m'apprendre quel était ce complaisant d'une nouvelle espèce, vêtu d'un habit de taffetas gris.

— Qui ? me répondit-il, celui qui ressemble à un bout de fil échappé de l'aiguille d'un tailleur ?

— Oui, celui qui se tient là seul à l'écart.

— Je ne le connais pas.

Il me tourna le dos, et, sans doute pour éviter mes questions, il se mit à parler de choses indifférentes avec un autre.

Cependant le soleil avait dissipé les nuages, et l'ardeur de ses rayons commençait à incommoder les dames. La belle Fanny, se tournant négligemment vers l'homme en habit gris, auquel personne, que je sache, n'avait encore adressé la parole, lui demanda si, par hasard, il n'aurait pas aussi une tente sur lui. Il ne répondit que par le salut le plus profond, comme s'il eût été loin de s'attendre à l'honneur qu'on lui faisait. Et cependant il avait déjà la main dans sa poche, dont je vis sortir, à la file, pieux, cordes, clous, coutil, en un mot tout ce qui peut entrer dans la construction du pavillon le plus commode. Les jeunes gens s'empressèrent d'en faire usage, et une tente ombragea bientôt de sa gracieuse coupole tout le riche tapis précédemment étendu sur le gazon. — Personne, cependant, ne donnait la moindre marque d'étonnement.

Mir war schon lang unheimlich, ja graulich zu Mute, wie ward mir vollends, als beim nächst ausgesprochenen Wunsch ich ihn noch aus seiner Tasche drei Reitpferde, ich sage Dir, drei schöne, große Rappen mit Sattel und Zeug herausziehen sah! – denke Dir, um Gotteswillen! drei gesattelte Pferde noch aus derselben Tasche, woraus schon eine Brieftasche, ein Fernrohr, ein gewirkter Teppich, zwanzig Schritte lang und zehn breit, ein Lustzelt von derselben Größe, und alle dazu gehörigen Stangen und Eisen, herausgekommen waren! – Wenn ich Dir nicht beteuerte, es selbst mit eigenen Augen angesehen zu haben, würdest Du es gewiß nicht glauben.

So verlegen und demütig der Mann selbst zu sein schien, so wenig Aufmerksamkeit ihm auch die andern schenkten, so ward mir doch seine blasse Erscheinung, von der ich kein Auge abwenden konnte, so schauerlich, daß ich sie nicht länger ertragen konnte.

Ich beschloß, mich aus der Gesellschaft zu stehlen, was bei der unbedeutenden Rolle, die ich darinnen spielte, mir ein Leichtes schien. Ich wollte nach der Stadt zurückkehren, am andern Morgen mein Glück beim Herrn John wieder versuchen, und, wenn ich den Mut dazu fände, ihn über den seltsamen grauen Mann befragen. – Wäre es mir nur so zu entkommen geglückt!

Déjà j'étais frappé d'une secrète horreur, et je frissonnais involontairement ; que devins-je, lorsqu'au premier désir exprimé dans la société, je vis l'homme gris tirer trois chevaux de sa poche : — Oui, trois beaux chevaux noirs, à tous crins, sellés et bridés, de cette même poche dont venaient déjà de sortir un portefeuille, une lunette d'approche, un tapis de vingt aunes de long sur dix de large, et une tente des mêmes dimensions. — Certes, mon ami, tu refuserais de le croire, si je ne t'affirmais avec serment l'avoir vu de mes propres yeux.

Quelle que fût, d'une part, l'humilité de l'homme en habit gris, et de l'autre, l'insouciance de la société à son égard, moi, je ne pouvais détourner les yeux de sa personne, et son aspect me faisait frémir. Il me devint impossible de le supporter plus longtemps.

Je résolus de m'éloigner, ce qui, vu le rôle insignifiant que je jouais, devait m'être facile. Je voulais retourner à la ville, rendre le lendemain une nouvelle visite à M. John, et, si j'en avais l'occasion ou le courage, lui faire quelques questions au sujet de l'homme étrange en habit gris. Trop heureux si j'avais réussi à m'échapper !

Ich hatte mich schon wirklich durch den Rosenhain, den Hügel hinab, glücklich geschlichen, und befand mich auf einem freien Rasenplatz, als ich aus Furcht, außer den Wegen durchs Gras gehend angetroffen zu werden, einen forschenden Blick um mich warf. – Wie erschrak ich, als ich den Mann im grauen Rock hinter mir her und auf mich zukommen sah. Er nahm sogleich den Hut vor mir ab, und verneigte sich so tief, als noch niemand vor mir getan hatte. Es war kein Zweifel, er wollte mich anreden, und ich konnte, ohne grob zu sein, es nicht vermeiden. Ich nahm den Hut auch ab, verneigte mich wieder, und stand da in der Sonne mit bloßem Haupt wie angewurzelt. Ich sah ihn voller Furcht stier an, und war wie ein Vogel, den eine Schlange gebannt hat. Er selber schien sehr verlegen zu sein; er hob den Blick nicht auf, verbeugte sich zu verschiedenen Malen, trat näher, und redete mich an mit leiser, unsicherer Stimme, ungefähr im Tone eines Bettelnden.

»Möge der Herr meine Zudringlichkeit entschuldigen, wenn ich es wage, ihn so unbekannter Weise aufzusuchen, ich habe eine Bitte an ihn. Vergönnen Sie gnädigst –« – »Aber um Gotteswillen, mein Herr!« brach ich in meiner Angst aus, »was kann ich für einen Mann tun, der –« wir stutzten beide, und wurden, wie mir däucht, rot.

Déjà je m'étais glissé hors du bosquet, et me trouvais au pied de la colline, sur une vaste pièce de gazon, lorsque la crainte d'être surpris hors des allées me fit regarder autour de moi. Quel fut mon effroi ! En me retournant, j'aperçus l'homme en habit gris, qui me suivait et venait à moi. Il m'ôta d'abord son chapeau, et s'inclina plus profondément que jamais personne n'avait fait devant moi. Il était clair qu'il voulait me parler, et je ne pouvais plus l'éviter sans impolitesse. Je lui ôtai donc aussi mon chapeau et lui rendis son salut. Je restai la tête nue, en plein soleil, immobile comme si j'eusse pris racine sur le sol ; je le regardais fixement, avec une certaine crainte, et je ressemblais à l'oiseau que le regard du serpent a fasciné ; lui-même paraissait embarrassé ; il n'osait lever les yeux, et s'avançait en s'inclinant à différentes reprises. Enfin, il m'aborde et m'adresse ces paroles à voix basse, et du ton indécis qui aurait convenu à un pauvre honteux :

« Monsieur daignera-t-il excuser mon importunité, si, sans avoir l'honneur d'être connu de lui, j'ose me hasarder à l'aborder. J'aurais une humble prière à lui faire. Si Monsieur voulait me faire la grâce… — « Mais, au nom de Dieu, Monsieur, m'écriai-je en l'interrompant dans mon anxiété, que puis-je pour un homme qui… » Nous demeurâmes court tous les deux, et je crois que la rougeur nous monta également au visage.

Er nahm nach einem Augenblick des Schweigens wieder das Wort: »Während der kurzen Zeit, wo ich das Glück genoß, mich in Ihrer Nähe zu befinden, hab ich, mein Herr, einige Mal – erlauben Sie, daß ich es Ihnen sage – wirklich mit unaussprechlicher Bewunderung den schönen, schönen Schatten betrachten können, den Sie in der Sonne, und gleichsam mit einer gewissen edlen Verachtung, ohne selbst darauf zu merken, von sich werfen, den herrlichen Schatten da zu Ihren Füßen. Verzeihen Sie mir die freilich kühne Zumutung. Sollten Sie sich wohl nicht abgeneigt finden, mir diesen Ihren Schatten zu überlassen?«

Er schwieg, und mir gings wie ein Mühlrad im Kopfe herum. Was sollt ich aus dem seltsamen Antrag machen, mir meinen Schatten abzukaufen? Er muß verrückt sein, dacht ich, und mit verändertem Tone, der zu der Demut des seinigen besser paßte, erwiderte ich also:

»Ei, ei! guter Freund, habt Ihr denn nicht an Eurem eignen Schatten genug? das heiß ich mir einen Handel von einer ganz absonderlichen Sorte.« Er fiel sogleich wieder ein: »Ich hab in meiner Tasche manches, was dem Herrn nicht ganz unwert scheinen möchte; für diesen unschätzbaren Schatten halt ich den höchsten Preis zu gering.«

Nun überfiel es mich wieder kalt, da ich an die Tasche erinnert ward, und ich wußte nicht, wie ich ihn hatte guter Freund nennen können. Ich nahm wieder das Wort, und suchte es, wo möglich, mit unendlicher Höflichkeit wieder gut zu machen.

Après un intervalle de silence, il reprit la parole : — « Pendant le peu de moments que j'ai joui du bonheur de me trouver près de vous, j'ai, à plusieurs reprises… Je vous demande mille excuses, Monsieur, si je prends la liberté de vous le dire, j'ai contemplé avec une admiration inexprimable l'ombre superbe que, sans aucune attention et avec un noble mépris, vous jetez à vos pieds… cette ombre même que voilà. Encore une fois, Monsieur, pardonnez à votre humble serviteur l'insigne témérité de sa proposition : daigneriez-vous consentir à traiter avec moi de ce trésor ? pourriez-vous vous résoudre à me le céder ? »

Il se tut, et j'hésitais à en croire mes oreilles. « M'acheter mon ombre ! il est fou », me dis-je en moi-même, et d'un ton qui sentait peut-être un peu la pitié, je lui répondis :

« Eh ! mon ami, n'avez-vous donc point assez de votre ombre ! Quel étrange marché me proposez-vous !… » Il continua. « J'ai dans ma poche bien des choses qui pourraient n'être pas indignes d'être offertes à Monsieur. Il n'est rien que je ne donne pour cette ombre inestimable ; rien à mes yeux n'en peut égaler le prix. »

Une sueur froide ruissela sur tout mon corps lorsqu'il me fit ressouvenir de sa poche, et je ne compris plus comment j'avais pu le nommer mon ami. Je repris la parole, et tâchai de réparer ma faute à force de politesses.

»Aber, mein Herr, verzeihen Sie Ihrem untertänigsten Knecht. Ich verstehe wohl Ihre Meinung nicht ganz gut, wie könnt ich nur meinen Schatten – –«

Er unterbrach mich:

»Ich erbitte mir nur Dero Erlaubnis, hier auf der Stelle diesen edlen Schatten aufheben zu dürfen und zu mir zu stecken; wie ich das mache, sei meine Sorge. Dagegen als Beweis meiner Erkenntlichkeit gegen den Herrn, überlasse ich ihm die Wahl unter allen Kleinodien, die ich in der Tasche bei mir führe: die ächte Springwurzel, die Alraunwurzel, Wechselpfennige, Raubtaler, das Tellertuch von Rolands Knappen, ein Galgenmännlein zu beliebigem Preis; doch, das wird wohl nichts für Sie sein: besser, Fortunati Wünschhütlein, neu und haltbar wieder restauriert; auch ein Glücksseckel, wie der seine gewesen.«

»Fortunati Glücksseckel«, fiel ich ihm in die Rede, und wie groß meine Angst auch war, hatte er mit dem einen Wort meinen ganzen Sinn gefangen. Ich bekam einen Schwindel, und es flimmerte mir wie doppelte Dukaten vor den Augen.

»Belieben gnädigst der Herr diesen Seckel zu besichtigen und zu erproben.«

« Mais, Monsieur, lui dis-je, excusez votre très humble serviteur ; sans doute que j'ai mal compris votre pensée. Comment mon ombre pourrait-elle… ? »

Il m'interrompit :

« Je ne demande à Monsieur que de me permettre de ramasser ici son ombre et de la mettre dans ma poche ; quant à la manière dont je pourrai m'y prendre, c'est mon affaire. En échange, et pour prouver à Monsieur ma reconnaissance, je lui laisserai le choix entre plusieurs bijoux que j'ai avec moi : l'herbe précieuse du pêcheur Glaucus ; la racine de Circé ; les cinq sous du Juif-Errant ; le mouchoir du grand Albert ; la mandragore ; l'armet de Mambrin ; le rameau d'or ; le chapeau de Fortunatus, remis à neuf, et richement remonté, ou, si vous préfériez, sa bourse…

— La bourse de Fortunatus ! » m'écriai-je. Et ce seul mot, quelle que fût d'ailleurs mon angoisse, m'avait tourné la tête. Il me prit des vertiges, et je crus entendre les doubles ducats tinter à mon oreille.

« Que Monsieur daigne examiner cette bourse et en faire l'essai. »

Er steckte die Hand in die Tasche und zog einen mäßig
großen, festgenähten Beutel, von starkem Korduanleder,
an zwei tüchtigen ledernen Schnüren heraus und
händigte mir selbigen ein. Ich griff hinein, und zog
zehn Goldstücke daraus, und wieder zehn, und wieder
zehn, und wieder zehn; ich hielt ihm schnell die Hand
hin: »Topp! der Handel gilt, für den Beutel haben Sie
meinen Schatten.« Er schlug ein, kniete dann ungesäumt
vor mir nieder, und mit einer bewundernswürdigen
Geschicklichkeit sah ich ihn meinen Schatten, vom Kopf
bis zu meinen Füßen, leise von dem Grase lösen, aufheben,
zusammenrollen und falten, und zuletzt einstecken.

Er stand auf, verbeugte sich noch einmal vor mir,
und zog sich dann nach dem Rosengebüsche zurück.
Mich dünkt', ich hörte ihn da leise für sich lachen. Ich
aber hielt den Beutel bei den Schnüren fest, rund um
mich her war die Erde sonnenhell, und in mir war noch
keine Besinnung. ◆

Il tira en même temps de sa poche et remit entre mes mains un sac de maroquin à double couture et fermé par des courroies. J'y puisai, et en retirai dix pièces d'or, puis dix autres, puis encore dix, et toujours dix. — Je lui tendis précipitamment la main. — « Tope ! dis-je, le marché est conclu, pour cette bourse vous avez mon ombre. » — Il me donna la main, et sans plus de délai se mit à genoux devant moi : je le vis avec la plus merveilleuse adresse détacher légèrement mon ombre du gazon depuis la tête jusqu'aux pieds, la plier, la rouler, et la mettre enfin dans sa poche.

Il se releva quand il eut fini, s'inclina devant moi, et se retira dans le bosquet de roses. Je crois que je l'entendis rire en s'éloignant. Pour moi, je tenais ferme la bourse par les cordons ; la terre était également éclairée tout autour de moi, et je n'étais pas encore maître de mes sens. ■

II

Ich kam endlich wieder zu Sinnen, und eilte, diesen Ort zu verlassen, wo ich hoffentlich nichts mehr zu tun hatte. Ich füllte erst meine Taschen mit Gold, dann band ich mir die Schnüre des Beutels um den Hals fest, und verbarg ihn selbst auf meiner Brust. Ich kam unbeachtet aus dem Park, erreichte die Landstraße, und nahm meinen Weg nach der Stadt.

Wie ich in Gedanken dem Tore zu ging, hört ich hinter mir schreien:

»Junger Herr! he! junger Herr! hören Sie doch!«

Ich sah mich um, ein altes Weib rief mir nach:

»Sehe sich der Herr doch vor, Sie haben Ihren Schatten verloren.«

»Danke, Mütterchen!« ich warf ihr ein Goldstück für den wohlgemeinten Rat hin, und trat unter die Bäume.

II

Enfin je revins à moi, et me hâtai de quitter ce lieu, où j'espérais ne plus avoir rien à faire. Je commençai par remplir mes poches d'or, puis je suspendis la bourse à mon cou et la cachai sous mes vêtements. Je sortis du parc sans être remarqué ; je gagnai la grand-route, et je m'acheminai vers la ville.

J'approchais de la porte, lorsque j'entendis crier derrière moi :

« Jeune homme ! Eh ! jeune homme ! écoutez donc ! » —

Je me retournai, et j'aperçus une vieille femme, qui me dit :

« Prenez donc garde, Monsieur, vous avez perdu votre ombre.

— Grand merci, ma bonne mère, » lui répondis-je, en lui jetant une pièce d'or pour prix de son bon avis, et je continuai ma route à l'ombre des arbres qui bordaient le chemin.

Am Tore mußt ich gleich wieder von der Schildwacht hören: »Wo hat der Herr seinen Schatten gelassen?« und gleich wieder darauf von ein paar Frauen:

»Jesus Maria! der arme Mensch hat keinen Schatten!«

Das fing an mich zu verdrießen, und ich vermied sehr sorgfältig, in die Sonne zu treten. Das ging aber nicht überall an, zum Beispiel nicht über die Breitestraße, die ich zunächst durchkreuzen mußte, und zwar, zu meinem Unheil, in eben der Stunde, wo die Knaben aus der Schule gingen. Ein verdammter buckeliger Schlingel, ich seh ihn noch, hatte es gleich weg, daß mir ein Schatten fehle. Er verriet mich mit großem Geschrei der sämtlichen literarischen Straßenjugend der Vorstadt, welche sofort mich zu rezensieren und mit Kot zu bewerfen anfing: »Ordentliche Leute pflegten ihren Schatten mit sich zu nehmen, wenn sie in die Sonne gingen.« Um sie von mir abzuwehren, warf ich Gold zu vollen Händen unter sie, und sprang in einen Mietswagen, zu dem mir mitleidige Seelen verhalfen.

Sobald ich mich in der rollenden Kutsche allein fand, fing ich bitterlich an zu weinen. Es mußte schon die Ahnung in mir aufsteigen: daß, um so viel das Gold auf Erden Verdienst und Tugend überwiegt, um so viel der Schatten höher als selbst das Gold geschätzt werde; und wie ich früher den Reichtum meinem Gewissen aufgeopfert, hatte ich jetzt den Schatten für bloßes Gold hingegeben; was konnte, was sollte auf Erden aus mir werden!

À la barrière, la sentinelle répéta la même observation :
« Où celui-ci a-t-il laissé son ombre ? »

Des femmes, à quelques pas de là, s'écrièrent :

« Jésus Marie ! le pauvre homme n'a point d'ombre. »

Ces propos commencèrent à me chagriner. J'évitai avec le plus grand soin de marcher au soleil, mais il y avait des carrefours où l'on ne pouvait faire autrement, comme, par exemple, au passage de la grande rue, où, quand j'arrivai, pour mon malheur, justement les polissons sortaient de l'école. Un maudit petit bossu, je crois le voir encore, remarqua d'abord ce qui me manquait, et me dénonça par de grands cris à la bande écolière du faubourg, qui commença sans façons à me harceler avec des pierres et de la boue. « La coutume des honnêtes gens, criaient-ils, est de se faire suivre de leur ombre quand ils vont au soleil. » Je jetai de l'or à pleines mains, pour me débarrasser d'eux, et je sautai dans une voiture de place que de bonnes âmes me procurèrent.

Aussitôt que je me trouvai seul dans la maison roulante, je commençai à pleurer amèrement. Déjà je pressentais que, dans le monde, l'ombre l'emporte autant sur l'or que l'or sur le mérite et la vertu. J'avais jadis sacrifié la richesse à ma conscience ; je venais de sacrifier mon ombre à la richesse. — Que pouvais-je faire désormais sur la terre ?

Ich war noch sehr verstört, als der Wagen vor meinem alten Wirtshause hielt; ich erschrak über die Vorstellung, nur noch jenes schlechte Dachzimmer zu betreten. Ich ließ mir meine Sachen herabholen, empfing den ärmlichen Bündel mit Verachtung, warf einige Goldstücke hin, und befahl, vor das vornehmste Hotel vorzufahren. Das Haus war gegen Norden gelegen, ich hatte die Sonne nicht zu fürchten. Ich schickte den Kutscher mit Gold weg, ließ mir die besten Zimmer vorn heraus anweisen, und verschloß mich darin, sobald ich konnte.

Was denkest Du, das ich nun anfing? – O mein lieber Chamisso, selbst vor Dir es zu gestehen, macht mich erröten. Ich zog den unglücklichen Seckel aus meiner Brust hervor, und mit einer Art Wut, die, wie eine flackernde Feuersbrunst, sich in mir durch sich selbst mehrte, zog ich Gold daraus, und Gold, und Gold, und immer mehr Gold, und streute es auf den Estrich, und schritt darüber hin, und ließ es klirren, und warf, mein armes Herz an dem Glanze, an dem Klange weidend, immer des Metalles mehr zu dem Metalle, bis ich ermüdet selbst auf das reiche Lager sank und schwelgend darin wühlte, mich darüber wälzte. So verging der Tag, der Abend, ich schloß meine Tür nicht auf, die Nacht fand mich liegend auf dem Golde, und darauf übermannte mich der Schlaf.

Je n'étais pas encore revenu de mon trouble lorsque la voiture s'arrêta devant mon auberge ; l'aspect de cette masure m'indigna ; j'aurais rougi de remettre le pied dans le misérable grenier où j'étais logé. J'en fis sur-le-champ descendre ma valise, je la reçus avec dédain, laissai tomber quelques pièces d'or, et ordonnai de me conduire au plus brillant hôtel de la ville. Cette maison était exposée au nord, et je n'avais rien à y craindre du soleil ; je donnai de l'or au cocher, je me fis ouvrir le plus bel appartement, et je m'y enfermai dès que j'y fus seul.

Et que penses-tu que je fisse alors ? Ô mon cher Adelbert, en te l'avouant, la rougeur me couvre le visage. Je tirai la malheureuse bourse de mon sein, et, avec une sorte de fureur semblable au délire toujours croissant de ces fièvres ardentes qui s'alimentent par leur propre malignité, j'y puisai de l'or, encore de l'or, sans cesse de l'or. Je le répandais sur le plancher, je l'amoncelais autour de moi, je faisais sonner celui que je retirais sans interruption de la bourse, et ce maudit son, mon cœur s'en repaissait. J'entassai sans relâche le métal sur le métal, jusqu'à ce qu'enfin, accablé de fatigue, je me roulai sur ce trésor. Je nageais en quelque sorte dans cet océan de richesses. Ainsi se passa la journée ; la nuit me trouva gisant sur mon or, et le sommeil vint enfin m'y fermer les yeux.

Da träumt' es mir von Dir, es ward mir, als stünde ich hinter der Glastüre Deines kleinen Zimmers, und sähe Dich von da an Deinem Arbeitstische zwischen einem Skelet und einem Bunde getrockneter Pflanzen sitzen, vor Dir waren Haller, Humboldt und Linné aufgeschlagen, auf Deinem Sofa lagen ein Band Goethe und der »Zauberring«, ich betrachtete Dich lange und jedes Ding in Deiner Stube, und dann Dich wieder, Du rührtest Dich aber nicht, Du holtest auch nicht Atem, Du warst tot.

Ich erwachte. Es schien noch sehr früh zu sein. Meine Uhr stand. Ich war wie zerschlagen, durstig und hungrig auch noch; ich hatte seit dem vorigen Morgen nichts gegessen. Ich stieß von mir mit Unwillen und Überdruß dieses Gold, an dem ich kurz vorher mein törichtes Herz gesättiget; nun wußt ich verdrießlich nicht, was ich damit anfangen sollte. Es durfte nicht so liegen bleiben – ich versuchte, ob es der Beutel wieder verschlingen wollte – Nein. Keines meiner Fenster öffnete sich über die See. Ich mußte mich bequemen, es mühsam und mit sauerm Schweiß zu einem großen Schrank, der in einem Kabinet stand, zu schleppen, und es darin zu verpacken. Ich ließ nur einige Handvoll da liegen. Nachdem ich mit der Arbeit fertig geworden, legt ich mich erschöpft in einen Lehnstuhl, und erwartete, daß sich Leute im Hause zu regen anfingen. Ich ließ, sobald es möglich war, zu essen bringen und den Wirt zu mir kommen.

Un songe me reporta près de toi ; je me trouvai derrière la porte vitrée de ta petite chambre. Tu étais assis à ton bureau, entre un squelette et un volume de ton herbier ; Haller, Humholdt et Linnée étaient ouverts devant toi, et sur ton canapé Homère et Shakespeare. Je te considérai longtemps, puis j'examinai tout ce qui était autour de toi, et mes yeux te contemplèrent de nouveau, mais tu étais sans mouvement, sans respiration, sans vie.

Je m'éveillai. Il paraissait être encore de fort bonne heure ; ma montre était arrêtée ; j'étais brisé, et de plus je mourais de besoin : je n'avais rien pris depuis la veille au matin. Je repoussai avec dépit loin de moi cet or dont peu auparavant j'avais follement enivré mon cœur. Maintenant, inquiet, triste et confus, je ne savais plus qu'en faire. Je ne pouvais le laisser ainsi sur le plancher. J'essayai si la bourse de laquelle il était sorti aurait la vertu de l'absorber ; mais non, il ne voulait pas y rentrer. Aucune de mes fenêtres ne donnait sur la mer ; il fallut donc prendre mon parti, et, à force de temps et de peines, à la sueur de mon front, le porter dans une grande armoire qui se trouvait dans un cabinet attenant à ma chambre à coucher, et l'y cacher jusqu'à nouvel ordre ; je n'en laissai que quelques poignées dans mon appartement. Lorsque ce travail fut achevé, je m'étendis, épuisé de fatigue, dans une bergère, et j'attendis que les gens de la maison commençassent à se faire entendre.

Ich besprach mit diesem Manne die künftige
Einrichtung meines Hauses. Er empfahl mir für den
näheren Dienst um meine Person einen gewissen Bendel,
dessen treue und verständige Physiognomie mich gleich
gewann. Derselbe wars, dessen Anhänglichkeit mich
seither tröstend durch das Elend des Lebens begleitete
und mir mein düstres Los ertragen half. Ich brachte
den ganzen Tag auf meinen Zimmern mit herrenlosen
Knechten, Schustern, Schneidern und Kaufleuten zu,
ich richtete mich ein, und kaufte besonders sehr viele
Kostbarkeiten und Edelsteine, um nur etwas des vielen
aufgespeicherten Goldes los zu werden; es schien mir
aber gar nicht, als könne der Haufen sich vermindern.

Ich schwebte indes über meinen Zustand in den
ängstigendsten Zweifeln. Ich wagte keinen Schritt
aus meiner Tür und ließ abends vierzig Wachskerzen
in meinem Saal anzünden, bevor ich aus dem Dunkel
heraus kam. Ich gedachte mit Grauen des fürchterlichen
Auftrittes mit den Schulknaben. Ich beschloß, so viel
Mut ich auch dazu bedurfte, die öffentliche Meinung
noch einmal zu prüfen. – Die Nächte waren zu der Zeit
mondhell. Abends spät warf ich einen weiten Mantel
um, drückte mir den Hut tief in die Augen, und schlich,
zitternd wie ein Verbrecher, aus dem Hause. Erst auf
einem entlegenen Platz trat ich aus dem Schatten der
Häuser, in deren Schutz ich so weit gekommen war, an
das Mondeslicht hervor; gefaßt, mein Schicksal aus dem
Munde der Vorübergehenden zu vernehmen.

Je me fis apporter à manger, et je fis venir l'hôte, avec lequel je réglai l'ordonnance de ma maison. Il me recommanda, pour mon service personnel, un nommé Bendel, dont la physionomie ouverte et sage m'inspira d'abord la confiance. Pauvre Bendel ! c'est lui dont l'attachement a depuis adouci mon sort, et qui m'a aidé à supporter mes maux en les partageant. Je passai toute la journée chez moi avec des valets sans maîtres et des marchands. Je montai ma maison et ma suite conformément à ma fortune actuelle, et j'achetai surtout une quantité de choses inutiles, de bijoux et de pierreries, dans le seul but de me débarrasser d'une partie du monceau d'or qui me gênait ; mais à peine si la diminution en était sensible.

Je flottais cependant, à l'égard de ce qui me manquait, dans une incertitude mortelle ; je n'osais sortir de ma chambre, et je faisais allumer le soir quarante bougies dans mon salon, pour ne point rester dans les ténèbres. Je ne pensais qu'avec effroi à la rencontre des écoliers ; cependant je voulais, autant que j'en aurais le courage, affronter encore une fois les regards du public, et donner à l'opinion l'occasion de se prononcer. La lune éclairait alors les nuits ; je m'enveloppai d'un large manteau, je rabattis mon chapeau sur mes yeux, et me glissai, tremblant comme un malfaiteur, hors de l'hôtel. Je m'éloignai à l'ombre des maisons, et ayant gagné un quartier écarté, je m'exposai au rayon de la lune, résigné à apprendre mon sort de la bouche des passants.

Erspare mir, lieber Freund, die schmerzliche Wiederholung alles dessen, was ich erdulden mußte. Die Frauen bezeugten oft das tiefste Mitleid, das ich ihnen einflößte; Äußerungen, die mir die Seele nicht minder durchbohrten, als der Hohn der Jugend und die hochmütige Verachtung der Männer, besonders solcher dicken, wohlbeleibten, die selbst einen breiten Schatten warfen. Ein schönes, holdes Mädchen, die, wie es schien, ihre Eltern begleitete, indem diese bedächtig nur vor ihre Füße sahen, wandte von ungefähr ihr leuchtendes Auge auf mich; sie erschrak sichtbarlich, da sie meine Schattenlosigkeit bemerkte, verhüllte ihr schönes Antlitz in ihren Schleier, ließ den Kopf sinken, und ging lautlos vorüber.

Ich ertrug es länger nicht. Salzige Ströme brachen aus meinen Augen, und mit durchschnittenem Herzen zog ich mich schwankend ins Dunkel zurück. Ich mußte mich an den Häusern halten, um meine Schritte zu sichern, und erreichte langsam und spät meine Wohnung.

Ich brachte die Nacht schlaflos zu. Am andern Tage war meine erste Sorge, nach dem Manne im grauen Rocke überall suchen zu lassen. Vielleicht sollte es mir gelingen, ihn wieder zu finden, und wie glücklich! wenn ihn, wie mich, der törichte Handel gereuen sollte. Ich ließ Bendel vor mich kommen, er schien Gewandtheit und Geschick zu besitzen, – ich schilderte ihm genau den Mann, in dessen Besitz ein Schatz sich befand,

Épargne-moi, mon ami, le douloureux récit de tout ce qu'il me fallut endurer. Quelques femmes manifestaient la compassion que je leur inspirais, et l'expression de ce sentiment ne me déchirait pas moins le cœur que les outrages de la jeunesse et l'orgueilleux mépris des hommes, de ceux-là surtout qui se complaisaient à l'aspect de l'ombre large et respectable dont leur haute stature était accompagnée. Une jeune personne d'une grande beauté, qui semblait suivre ses parents, tandis que ceux-ci regardaient avec circonspection à leurs pieds, porta par hasard ses regards sur moi ; je la vis tressaillir lorsqu'elle remarqua la malheureuse clarté qui m'environnait. L'effroi se peignit sur son beau visage ; elle le couvrit de son voile, baissa la tête, et poursuivit sa route sans ouvrir la bouche.

Des larmes amères s'échappèrent alors de mes yeux, et, le cœur brisé, je me replongeai dans l'ombre. J'eus besoin de m'appuyer contre les murs pour soutenir ma démarche chancelante, et je regagnai lentement ma maison, où je rentrai tard.

Le sommeil n'approcha point, cette nuit, de ma paupière. Mon premier soin, dès que le jour parut, fut de faire chercher l'homme en habit gris. J'espérais, si je parvenais à le retrouver, que peut-être notre étrange marché pourrait lui sembler aussi onéreux qu'à moi-même ; j'appelai Bendel. Il était actif et intelligent ; je lui dépeignis exactement l'homme entre les mains duquel était un trésor

ohne den mir das Leben nur eine Qual sei. Ich sagte ihm
die Zeit, den Ort, wo ich ihn gesehen; beschrieb ihm alle,
die zugegen gewesen, und fügte dieses Zeichen noch
hinzu: er solle sich nach einem Dollondschen Fernrohr,
nach einem golddurchwirkten türkischen Teppich, nach
einem Prachtlustzelt, und endlich nach den schwarzen
Reithengsten genau erkundigen, deren Geschichte, ohne
zu bestimmen wie, mit der des rätselhaften Mannes
zusammenhänge, welcher allen unbedeutend geschienen,
und dessen Erscheinung die Ruhe und das Glück
meines Lebens zerstört hatte.

Wie ich ausgeredet, holt ich Gold her, eine Last, wie
ich sie nur zu tragen vermochte, und legte Edelsteine und
Juwelen noch hinzu für einen größern Wert. »Bendel«,
sprach ich, »dieses ebnet viele Wege und macht vieles
leicht, was unmöglich schien; sei nicht karg damit, wie ich
es nicht bin, sondern geh, und erfreue deinen Herrn mit
Nachrichten, auf denen seine alleinige Hoffnung beruht.«

Er ging. Spät kam er und traurig zurück. Keiner von
den Leuten des Herrn John, keiner von seinen Gästen,
er hatte alle gesprochen, wußte sich nur entfernt an den
Mann im grauen Rocke zu erinnern. Der neue Teleskop
war da, und keiner wußte, wo er hergekommen; der
Teppich, das Zelt waren da noch auf demselben Hügel
ausgebreitet und aufgeschlagen, die Knechte rühmten
den Reichtum ihres Herrn, und keiner wußte, von
wannen diese neuen Kostbarkeiten ihm zugekommen.

sans lequel la vie ne pouvait plus être pour moi qu'un supplice. Je l'instruisis du temps et du lieu où je l'avais rencontré, et je lui dis encore que, pour des renseignements plus particuliers, il eût à s'informer curieusement d'une lunette d'approche, d'un riche tapis de Turquie, d'un pavillon magnifique, et enfin de trois superbes chevaux de selle noirs, objets dont l'histoire, que je ne lui racontai pas, se rattachait essentiellement à celle de l'homme mystérieux que personne n'avait semblé remarquer, et de qui l'apparition avait détruit le repos et le bonheur de ma vie.

Tout en parlant, je lui donnai autant d'or que j'en avais pu porter ; j'y ajoutai des bijoux et des diamants d'une valeur encore plus grande, et je poursuivis : « Voilà ce qui aplanit bien des chemins, et rend aisées bien des choses qui paraissent impossibles. Ne sois pas plus économe de ces richesses que moi-même. Va, Bendel, va, et ne songe qu'à rapporter à ton maître des nouvelles sur lesquelles il fonde son unique espérance. »

Il revint tard et triste. Il n'avait rien appris des gens de M. John, rien des personnes de sa société. Il avait parlé cependant à plusieurs, et aucune ne paraissait avoir le moindre souvenir de l'homme en habit gris. La lunette était encore entre les mains de M. John ; le pavillon, tendu sur la colline, couvrait encore le riche tapis de Turquie. Les valets vantaient l'opulence de leur maître, mais tous ignoraient également d'où lui venaient ces nouveaux objets de luxe.

Er selbst hatte sein Wohlgefallen daran, und ihn kümmerte es nicht, daß er nicht wisse, woher er sie habe; die Pferde hatten die jungen Herren, die sie geritten, in ihren Ställen, und sie priesen die Freigebigkeit des Herrn John, der sie ihnen an jenem Tage geschenkt.

So viel erhellte aus der ausführlichen Erzählung Bendels, dessen rascher Eifer und verständige Führung, auch bei so fruchtlosem Erfolge, mein verdientes Lob erhielten. Ich winkte ihm düster, mich allein zu lassen.

»Ich habe«, hub er wieder an, »meinem Herrn Bericht abgestattet über die Angelegenheit, die ihm am wichtigsten war. Mir bleibt noch ein Auftrag auszurichten, den mir heute früh jemand gegeben, welchem ich vor der Tür begegnete, da ich zu dem Geschäfte ausging, wo ich so unglücklich gewesen. Die eigenen Worte des Mannes waren: ›Sagen Sie dem Herrn Peter Schlemihl, er würde mich hier nicht mehr sehen, da ich übers Meer gehe, und ein günstiger Wind mich so eben nach dem Hafen ruft. Aber über Jahr und Tag werde ich die Ehre haben, ihn selber aufzusuchen und ein anderes, ihm dann vielleicht annehmliches Geschäft vorzuschlagen. Empfehlen Sie mich ihm untertänigst, und versichern ihn meines Dankes.‹ Ich frug ihn, wer er wäre, er sagte aber, Sie kennten ihn schon.«

»Wie sah der Mann aus?« rief ich voller Ahnung.

Lui-même y prenait plaisir, sans paraître se rappeler celui de qui il les tenait. Les jeunes gens qui avaient monté les chevaux noirs les avaient encore dans leurs écuries, et ils s'accordaient à célébrer la générosité de M. John, qui leur en avait fait présent.

Le récit long et circonstancié de Bendel m'éclairait peu ; cependant, quelque infructueuses qu'eussent été ses démarches, je ne pus refuser des louanges à son zèle, à son activité et à sa prudence mesurée. — Je lui fis signe, en soupirant, de me laisser seul.

— J'ai, reprit-il, rendu compte à Monsieur de ce qu'il lui importait le plus de savoir ; il me reste à m'acquitter d'une commission dont m'a chargé pour lui quelqu'un que je viens de rencontrer devant la porte, en retournant d'une mission où j'ai si mal réussi. Voici quelles ont été ses propres paroles : « Dites à M. Peter Schlemihl qu'il ne me reverra plus ici, parce que je vais passer les mers, et que le vent qui vient de se lever ne m'accorde plus qu'un moment ; mais que d'aujourd'hui dans un an j'aurai moi-même l'honneur de venir le trouver, et de lui proposer un nouveau marché qui pourra lui être alors agréable. Faites-lui mes très humbles compliments, et assurez-le de ma reconnaissance. » Je lui ai demandé son nom ; il m'a répondu : « Rapportez seulement à votre maître ce que je viens de vous dire, et il me reconnaîtra. »

— Comment était-il fait ? m'écriai-je avec un sinistre pressentiment.

Und Bendel beschrieb mir den Mann im grauen Rocke Zug für Zug, Wort für Wort, wie er getreu in seiner vorigen Erzählung des Mannes erwähnt, nach dem er sich erkundigt.

»Unglücklicher!« schrie ich händeringend, »das war er ja selbst!« und ihm fiel es wie Schuppen von den Augen.

»Ja, er war es, war es wirklich!« rief er erschreckt aus, »und ich Verblendeter, Blödsinniger habe ihn nicht erkannt, ihn nicht erkannt und meinen Herrn verraten!«

Er brach, heiß weinend, in die bittersten Vorwürfe gegen sich selber aus, und die Verzweiflung, in der er war, mußte mir selber Mitleiden einflößen. Ich sprach ihm Trost ein, versicherte ihn wiederholt, ich setzte keinen Zweifel in seine Treue, und schickte ihn alsbald nach dem Hafen, um, wo möglich, die Spuren des seltsamen Mannes zu verfolgen. Aber an diesem selben Morgen waren sehr viele Schiffe, die widrige Winde im Hafen zurückgehalten, ausgelaufen, alle nach anderen Weltstrichen, alle nach anderen Küsten bestimmt, und der graue Mann war spurlos wie ein Schatten verschwunden. ◆

Et Bendel me dépeignit, trait pour trait, l'homme en habit gris, tel qu'il venait de le signaler lui-même dans son récit.

« Malheureux ! m'écriai-je, c'était lui-même. »

Et tout à coup, comme si un épais bandeau fût tombé de ses yeux :

« Oui ! s'écria-t-il avec l'expression de l'effroi, oui, c'était lui, c'était lui-même. Et moi, aveugle, insensé que j'étais, je ne l'ai pas reconnu, malgré la peinture exacte que vous m'en aviez faite, et j'ai trahi la confiance de mon maître ! »

Il éclata contre lui-même en reproches amers, et le désespoir auquel je le voyais se livrer excita ma compassion. Je cherchai à le consoler ; je l'assurai que je ne doutais nullement de sa fidélité ; mais je lui ordonnai de courir aussitôt au port, et de suivre, s'il en était encore temps, les traces de l'inconnu. Il y vola, mais un grand nombre de vaisseaux, retenus depuis longtemps par les vents contraires, venaient de mettre à la voile pour toutes les contrées du monde, et l'homme en habit gris avait disparu, hélas ! comme mon ombre qu'il emportait, sans laisser de vestiges. ■

III

Was hülfen Flügel dem in eisernen Ketten fest Angeschmiedeten? Er müßte dennoch, und schrecklicher, verzweifeln. Ich lag, wie Faffner bei seinem Hort, fern von jedem menschlichen Zuspruch, bei meinem Golde darbend, aber ich hatte nicht das Herz nach ihm, sondern ich fluchte ihm, um dessentwillen ich mich von allem Leben abgeschnitten sah. Bei mir allein mein düstres Geheimnis hegend, fürchtete ich mich vor dem letzten meiner Knechte, den ich zugleich beneiden mußte; denn er hatte einen Schatten, er durfte sich sehen lassen in der Sonne. Ich vertrauerte einsam in meinen Zimmern die Tag' und Nächte, und Gram zehrte an meinem Herzen.

Noch einer härmte sich unter meinen Augen ab, mein treuer Bendel hörte nicht auf, sich mit stillen Vorwürfen zu martern, daß er das Zutrauen seines gütigen Herrn betrogen, und jenen nicht erkannt, nach dem er ausgeschickt war, und mit dem er mein trauriges Schicksal in enger Verflechtung denken mußte. Ich aber konnte ihm keine Schuld geben, ich erkannte in dem Ereignis die fabelhafte Natur des Unbekannten.

III

De quoi serviraient des ailes à qui gémirait dans les fers ? elles ne feraient qu'accroître son désespoir. J'étais, comme le dragon qui couve son trésor, dépourvu de toute consolation humaine, et misérable au sein de mes richesses ; je les maudissais comme une barrière qui me séparait du reste des mortels. Seul, renfermant au dedans de moi-même mon funeste secret, réduit à craindre le moindre de mes valets, et à envier son sort, car il pouvait se montrer au soleil et réfléchir devant lui son ombre, j'aigrissais ma douleur en y rêvant sans cesse. Je ne sortais ni jour ni nuit de mon appartement ; le désespoir peu à peu s'emparait de mon cœur, il le brisait, il allait l'anéantir.

J'avais un ami cependant, qui, sous mes yeux, se consumait aussi de chagrin : c'était mon fidèle Bendel, qui ne cessait de s'accuser d'avoir trompé ma confiance en ne reconnaissant pas l'homme dont je l'avais chargé de s'informer, et auquel il devait croire que se rattachaient toutes mes douleurs. Pour moi, je ne pouvais lui faire aucun reproche ; je ne sentais que trop dans tout ce qui s'était passé l'ascendant mystérieux de l'inconnu.

Nichts unversucht zu lassen, schickt ich einst
Bendel mit einem kostbaren brillantenen Ring zu
dem berühmtesten Maler der Stadt, den ich, mich zu
besuchen, einladen ließ. Er kam, ich entfernte meine
Leute, verschloß die Tür, setzte mich zu dem Mann,
und, nachdem ich seine Kunst gepriesen, kam ich mit
schwerem Herzen zur Sache, ich ließ ihn zuvor das
strengste Geheimnis geloben.

»Herr Professor«, fuhr ich fort, »könnten Sie wohl
einem Menschen, der auf die unglücklichste Weise
von der Welt um seinen Schatten gekommen ist, einen
falschen Schatten malen?«

»Sie meinen einen Schlagschatten?«

»Den mein ich allerdings.«

»Aber«, frug er mich weiter, »durch welche
Ungeschicklichkeit, durch welche Nachlässigkeit
konnte er denn seinen Schlagschatten verlieren?«

»Wie es kam«, erwiderte ich, »mag nun sehr
gleichgültig sein, doch so viel«, log ich ihm unverschämt
vor: »In Rußland, wo er im vorigen Winter eine Reise
tat, fror ihm einmal, bei einer außerordentlichen Kälte,
sein Schatten dergestalt am Boden fest, daß er ihn
nicht wieder los bekommen konnte.«

Un jour, pour tout essayer, j'envoyai Bendel avec une riche bague de diamants chez le peintre le plus renommé de la ville, en le faisant prier de passer chez moi. Il vint. J'éloignai tous mes gens ; je fermai soigneusement ma porte ; je fis asseoir l'artiste à mon côté, et après avoir loué ses talents, j'abordai la question, non sans un serrement de cœur inexprimable. J'avais cependant pris la précaution de lui faire promettre le plus religieux secret sur la proposition que j'allais lui faire.

— Monsieur le professeur, lui dis-je, vous serait-il possible de peindre une ombre à un homme qui, par un enchaînement inouï de malheurs, aurait perdu la sienne ?

— Vous parlez, Monsieur, de l'ombre portée ?

— Oui, Monsieur, de l'ombre portée, de celle que l'on jette à ses pieds au soleil.

— Mais, poursuivit-il, par quelle négligence, par quelle maladresse cet homme a-t-il donc pu perdre son ombre ?

— Il importe peu, repartis-je, comment cela s'est fait ; cependant je vous dirai (et je sentis qu'il fallait mentir effrontément) que, voyageant l'hiver dernier en Russie, son ombre, par un froid extraordinaire, gela si fortement sur la terre, qu'il lui fut impossible de l'en arracher. Il fallut la laisser à la place où le malheur était arrivé.

»Der falsche Schlagschatten, den ich ihm malen könnte«, erwiderte der Professor, »würde doch nur ein solcher sein, den er bei der leisesten Bewegung wieder verlieren müßte, – zumal wer an dem eignen angebornen Schatten so wenig fest hing, als aus Ihrer Erzählung selbst sich abnehmen läßt; wer keinen Schatten hat, gehe nicht in die Sonne, das ist das Vernünftigste und Sicherste.«

Er stand auf und entfernte sich, indem er auf mich einen durchbohrenden Blick warf, den der meine nicht ertragen konnte. Ich sank in meinen Sessel zurück, und verhüllte mein Gesicht in meine Hände.

So fand mich noch Bendel, als er herein trat. Er sah den Schmerz seines Herrn, und wollte sich still, ehrerbietig zurückziehen. – Ich blickte auf – ich erlag unter der Last meines Kummers, ich mußte ihn mitteilen.

»Bendel«, rief ich ihm zu, »Bendel! Du Einziger, der du meine Leiden siehst und ehrst, sie nicht erforschen zu wollen, sondern still und fromm mitzufühlen scheinst, komm zu mir, Bendel, und sei der Nächste meinem Herzen. Die Schätze meines Goldes hab ich vor dir nicht verschlossen, nicht verschließen will ich vor dir die Schätze meines Grames. – Bendel, verlasse mich nicht. Bendel, du siehst mich reich, freigebig, gütig, du wähnst, es sollte die Welt mich verherrlichen, und du siehst mich die Welt fliehn und mich vor ihr verschließen. Bendel, sie hat gerichtet, die Welt, und mich verstoßen, und auch du vielleicht wirst dich von mir wenden,

— L'ombre postiche que je pourrais lui peindre, répondit l'artiste, ne résisterait pas au plus léger mouvement ; il la perdrait encore infailliblement, lui qui, à en croire votre récit, tenait si faiblement à celle qu'il avait reçue de la nature. Que celui qui ne porte point d'ombre ne s'expose pas au soleil ; c'est le plus raisonnable et le plus sûr.

Il se leva à ces mots, et s'éloigna, en me lançant un regard pénétrant que je ne pus supporter. Je retombai dans mon fauteuil, et je cachai mon visage dans mes deux mains.

Bendel, en rentrant, me trouva dans cette attitude, et, respectant la douleur de son maître, il allait se retirer en silence. Je levai les yeux ; je succombais sous le fardeau de mes peines ; il les fallait alléger en les versant dans le sein d'un ami.

— Bendel, lui criai-je, Bendel, toi le seul témoin de ma douleur, qui la respectes, et ne cherches point à en surprendre la cause, qui sembles t'y montrer sensible et la partager en secret, viens près de moi, Bendel, et sois le confident, l'ami de mon cœur. Je ne t'ai point caché l'immensité de mes richesses ; je ne veux plus te faire un mystère de mon désespoir. Bendel, ne m'abandonne pas. Tu me vois riche, libéral, et tu penses que le monde devrait m'honorer et me rechercher. Cependant tu me vois fuir le monde ; tu me vois mettre entre lui et moi la barrière des portes et des verrous. Bendel, c'est que le monde m'a condamné ; il me repousse, me rejette ; et peut-être me fuiras-tu toi-même,

wenn du mein schreckliches Geheimnis erfährst: Bendel, ich bin reich, freigebig, gütig, aber – o Gott! – ich habe keinen Schatten!«

»Keinen Schatten?« rief der gute Junge erschreckt aus, und die hellen Tränen stürzten ihm aus den Augen. – »Weh mir, daß ich geboren ward, einem schattenlosen Herrn zu dienen!«

Er schwieg, und ich hielt mein Gesicht in meinen Händen.

»Bendel«, setzt ich spät und zitternd hinzu, »nun hast du mein Vertrauen, nun kannst du es verraten. Geh hin und zeuge wider mich.« – Er schien in schwerem Kampfe mit sich selber, endlich stürzte er vor mir nieder und ergriff meine Hand, die er mit seinen Tränen benetzte. »Nein«, rief er aus, »was die Welt auch meine, ich kann und werde um Schattens willen meinen gütigen Herrn nicht verlassen, ich werde recht, und nicht klug handeln, ich werde bei Ihnen bleiben, Ihnen meinen Schatten borgen, Ihnen helfen, wo ich kann, und wo ich nicht kann, mit Ihnen weinen.«

Ich fiel ihm um den Hals, ob solcher ungewohnten Gesinnung staunend; denn ich war von ihm überzeugt, daß er es nicht um Gold tat.

lorsque tu sauras mon effroyable secret. Bendel, je suis riche, généreux, bon maître, bon ami, mais, hélas ! je n'ai plus... Comment achever, grand Dieu !... Je n'ai plus... mon ombre.

— Plus d'ombre ! s'écria-t-il avec terreur, plus d'ombre !

Et ses yeux se remplirent de larmes.

« Misérable que je suis, d'être condamné à servir un maître qui n'a point d'ombre. »

Il se tut, et mon visage retomba dans mes deux mains, dont je le couvris de nouveau.

« Bendel, repris-je en hésitant, après un assez long silence, Bendel, maintenant tu connais mon secret, et tu peux le trahir. Va, dénonce-moi ; élève contre moi ton témoignage. — Je m'aperçus qu'un violent combat se passait en lui. Enfin je le vis se précipiter à mes pieds. Il saisit mes mains, les arrosa de ses pleurs, et s'écria : — « Non, quoi qu'en pense le monde, je ne puis ni ne veux abandonner mon maître parce qu'il a perdu son ombre. Si je n'agis pas selon la prudence, j'agirai du moins selon la probité. Je demeurerai près de vous ; je vous prêterai le secours de mon ombre ; je vous rendrai tous les services qui pourront dépendre de moi ; je pleurerai du moins avec vous. »

À ces mots, je jetai mes bras autour de son cou, je le serrai contre mon cœur, étonné d'un si admirable dévouement, car je voyais bien que ce n'était point le vil appât de l'or qui le portait à se sacrifier ainsi pour moi.

Seitdem änderten sich in etwas mein Schicksal und meine Lebensweise. Es ist unbeschreiblich, wie vorsorglich Bendel mein Gebrechen zu verhehlen wußte. Überall war er vor mir und mit mir, alles vorhersehend, Anstalten treffend, und wo Gefahr unversehens drohte, mich schnell mit seinem Schatten überdeckend, denn er war größer und stärker als ich. So wagt ich mich wieder unter die Menschen, und begann eine Rolle in der Welt zu spielen. Ich mußte freilich viele Eigenheiten und Launen scheinbar annehmen. Solche stehen aber dem Reichen gut, und so lange die Wahrheit nur verborgen blieb, genoß ich aller der Ehre und Achtung, die meinem Golde zukam. Ich sah ruhiger dem über Jahr und Tag verheißenen Besuch des rätselhaften Unbekannten entgegen.

Ich fühlte sehr wohl, daß ich mich nicht lange an einem Ort aufhalten durfte, wo man mich schon ohne Schatten gesehen, und wo ich leicht verraten werden konnte; auch dacht ich vielleicht nur allein noch daran, wie ich mich bei Herrn John gezeigt, und es war mir eine drückende Erinnerung, demnach wollt ich hier bloß Probe halten, um anderswo leichter und zuversichtlicher auftreten zu können – doch fand sich, was mich eine Zeitlang an meiner Eitelkeit festhielt: das ist im Menschen, wo der Anker am zuverlässigsten Grund faßt.

Depuis ce moment mon sort et ma manière de vivre changèrent. On ne saurait croire avec quel zèle, avec quelle adresse Bendel savait remédier à ma déplorable infirmité. Toujours et partout il était près de moi, devant moi, prévoyant tout, prenant les plus ingénieuses précautions, et si quelque péril venait à me menacer, plus prompt que l'éclair, il accourait et me couvrait de son ombre, car il était plus grand et plus puissant que moi. Alors je pus me hasarder de nouveau parmi les hommes, et reprendre un rôle dans la société. Ma situation me forçait, à la vérité, à affecter diverses bizarreries, mais elles siéent si bien aux riches ! et tant que la vérité demeurait cachée, je jouissais doucement des honneurs et des respects que l'on doit à l'opulence. — J'attendais avec plus de tranquillité l'époque à laquelle le mystérieux inconnu m'avait annoncé sa visite.

Je sentais cependant très bien que j'aurais tort de m'arrêter longtemps dans un lieu où j'avais été vu sans mon ombre, et dans lequel je pouvais être reconnu d'un moment à l'autre. Je me rappelais aussi, et peut-être étais-je le seul à y songer, l'humble manière dont je m'étais présenté chez M. John, et ce souvenir m'était désagréable. Je ne voulais donc qu'apprendre et répéter ici mon rôle, afin de le jouer ailleurs avec plus d'assurance. Cependant, je fus arrêté quelque temps par ma vanité.

Eben die schöne Fanny, der ich am dritten Ort wieder begegnete, schenkte mir, ohne sich zu erinnern, mich jemals gesehen zu haben, einige Aufmerksamkeit, denn jetzt hatt ich Witz und Verstand. – Wenn ich redete, hörte man zu, und ich wußte selber nicht, wie ich zu der Kunst gekommen war, das Gespräch so leicht zu führen und zu beherrschen. Der Eindruck, den ich auf die Schöne gemacht zu haben einsah, machte aus mir, was sie eben begehrte, einen Narren, und ich folgte ihr seither mit tausend Mühen durch Schatten und Dämmerung, wo ich nur konnte. Ich war nur eitel darauf, sie über mich eitel zu machen, und konnte mir, selbst mit dem besten Willen, nicht den Rausch aus dem Kopf ins Herz zwingen.

Aber wozu die ganz gemeine Geschichte Dir lang und breit wiederholen? – Du selber hast sie mir oft genug von andern Ehrenleuten erzählt. – Zu dem alten, wohlbekannten Spiele, worin ich gutmütig eine abgedroschene Rolle übernommen, kam freilich eine ganz eigens gedichtete Katastrophe hinzu, mir und ihr und allen unerwartet.

Da ich an einem schönen Abend nach meiner Gewohnheit eine Gesellschaft in einem Garten versammelt hatte, wandelte ich mit der Herrin Arm in Arm, in einiger Entfernung von den übrigen Gästen, und bemühte mich, ihr Redensarten vorzudrechseln. Sie sah sittig vor sich nieder und erwiderte leise den Druck meiner Hand;

Fanny, la beauté du jour, celle même que j'avais vue briller chez M. John, et que je rencontrai ailleurs sans qu'elle se doutât de m'avoir jamais vu, Fanny, dis-je, m'honora de quelque attention, car maintenant j'avais de l'esprit, de l'agrément, de la délicatesse ; on m'écoutait dès que j'ouvrais la bouche, et je ne savais pas moi-même comment j'avais pu apprendre si vite à manier la parole avec tant d'art, à diriger la conversation avec tant de supériorité. L'impression que je crus avoir faite sur cette dame produisit en moi tout l'effet qu'elle désirait ; elle me tourna la tête, et dès lors je ne cessai de la suivre, non sans peine ni sans danger, à la faveur de l'ombre et du crépuscule. J'étais vain de la voir mettre son orgueil à me retenir dans ses chaînes. Je ne réussis pas cependant à faire passer jusque dans mon cœur l'ivresse de ma vanité.

Mais à quoi bon, ami, te rapporter longuement tous les détails d'une histoire aussi vulgaire. Toi-même souvent tu m'en as raconté de semblables, dont tant d'honnêtes gens ont été les héros ! Cependant, la pièce usée, dans laquelle je jouais un rôle rebattu, eut cette fois un dénouement nouveau et fort inattendu.

Un soir où, suivant ma coutume, j'avais rassemblé dans un jardin magnifiquement illuminé une société nombreuse et choisie, je m'enfonçai avec ma maîtresse dans un bosquet écarté. Je lui donnais le bras ; je lui disais des douceurs ; son regard était modestement baissé, et sa main répondait légèrement à l'étreinte de la mienne,

da trat unversehens hinter uns der Mond aus den Wolken hervor und sie sah nur ihren Schatten vor sich hinfallen. Sie fuhr zusammen und blickte bestürzt mich an, dann wieder auf die Erde, mit dem Auge meinen Schatten begehrend; und was in ihr vorging, malte sich so sonderbar in ihren Mienen, daß ich in ein lautes Gelächter hätte ausbrechen mögen, wenn es mir nicht selber eiskalt über den Rücken gelaufen wäre.

Ich ließ sie aus meinem Arm in eine Ohnmacht sinken, schoß wie ein Pfeil durch die entsetzten Gäste, erreichte die Tür, warf mich in den ersten Wagen, den ich da haltend fand, und fuhr nach der Stadt zurück, wo ich diesmal zu meinem Unheil den vorsichtigen Bendel gelassen hatte. Er erschrak, als er mich sah, *ein* Wort entdeckte ihm alles. Es wurden auf der Stelle Postpferde geholt. Ich nahm nur einen meiner Leute mit mir, einen abgefeimten Spitzbuben, namens Rascal, der sich mir durch seine Gewandtheit notwendig zu machen gewußt, und der nichts vom heutigen Vorfall ahnen konnte. Ich legte in derselben Nacht noch dreißig Meilen zurück. Bendel blieb hinter mir, mein Haus aufzulösen, Gold zu spenden und mir das Nötigste nachzubringen. Als er mich am andern Tage einholte, warf ich mich in seine Arme, und schwur ihm, nicht etwa keine Torheit mehr zu begehen, sondern nur künftig vorsichtiger zu sein. Wir setzten unsre Reise ununterbrochen fort, über die Grenze und das Gebirg,

lorsque inopinément la lune apparut derrière nous, sortant du sein d'un épais nuage. Elle ne réfléchit que la seule ombre de Fanny, qui, surprise, me regarda d'abord, puis reporta ses yeux à terre, y cherchant, avec inquiétude, l'image de celui qui était à ses côtés. Ce qui se passait en elle se peignit d'une manière si bizarre sur sa physionomie, que je n'aurais pu m'empêcher d'en rire aux éclats, si, au même moment, songeant à moi-même, un frisson glacial ne m'eût saisi.

Cependant Fanny perdit l'usage de ses sens. Je la laissai se dégager de mes bras, et perçant comme un trait la foule de mes hôtes, je gagnai la porte, me jetai dans la première voiture qui se rencontra, et revins précipitamment à la ville, où, pour mon malheur, j'avais laissé cette fois le circonspect Bendel. Le désordre qui se peignait dans tous mes traits l'effraya d'abord ; un mot lui révéla tout. Des chevaux de poste furent à l'instant commandés. Je ne pris avec moi qu'un seul de mes gens, un certain Rascal. C'était un insigne vaurien, mais adroit, expéditif, industrieux. Il avait su se rendre nécessaire, et d'ailleurs il ne pouvait se douter de ce qui venait d'arriver. Je laissai derrière moi, cette nuit-là même, plus de trente lieues de pays. Bendel était resté pour congédier mes gens, répandre de l'or, régler mes affaires, et m'apporter tout ce dont on a besoin en voyage. Quand, le jour suivant, il m'eut rejoint, je me jetai dans ses bras et lui jurai, sinon de ne plus faire de sottises, du moins d'être plus circonspect à l'avenir. Nous poursuivîmes jour et nuit notre route, passâmes la frontière, traversâmes les montagnes,

und erst am andern Abhang, durch das hohe Bollwerk
von jenem Unglücksboden getrennt, ließ ich mich
bewegen, in einem nah gelegenen und wenig besuchten
Badeort von den überstandenen Mühseligkeiten
auszurasten. ◆

et ce ne fut qu'après avoir mis cette barrière entre le théâtre de mes infortunes et moi, que je consentis à m'arrêter pour respirer. Des bains que l'on disait peu fréquentés se trouvaient dans le voisinage. Ce fut là où je résolus de me rendre pour me remettre de mes fatigues. ■

IV

Ich werde in meiner Erzählung schnell über eine Zeit hineilen müssen, bei der ich wie gerne! verweilen würde, wenn ich ihren lebendigen Geist in der Erinnerung herauf zu beschwören vermöchte. Aber die Farbe, die sie belebte, und nur wieder beleben kann, ist in mir verlöschen, und wenn ich in meiner Brust wieder finden will, was sie damals so mächtig erhob, die Schmerzen und das Glück, den frommen Wahn, – da schlag ich vergebens an einen Felsen, der keinen lebendigen Quell mehr gewährt, und der Gott ist von mir gewichen.

Wie verändert blickt sie mich jetzt an, diese vergangene Zeit! – Ich sollte dort in dem Bade eine heroische Rolle tragieren, schlecht einstudiert, und ein Neuling auf der Bühne, vergaff ich mich aus dem Stücke heraus in ein Paar blaue Augen. Die Eltern, vom Spiele getäuscht, bieten alles auf, den Handel nur schnell fest zu machen, und die gemeine Posse beschließt eine Verhöhnung. Und das ist alles, alles! – Das kommt mir albern und abgeschmackt vor, und schrecklich wiederum,

IV

Je serai forcé de glisser rapidement sur une époque de mon histoire où je trouverais tant de plaisir à m'arrêter, si ma mémoire pouvait suffire à retracer ce qui en faisait le charme. Mais les couleurs dont elle a brillé sont ternies pour moi, et ne sauraient plus revivre dans mon récit. Je chercherais en vain dans mon cœur ce trouble cruel et délicieux qui en précipitait les battements, ces peines bizarres, cette félicité, cette émotion religieuse et profonde. En vain je frappe le rocher, une eau vive ne peut plus en jaillir, le Dieu s'est retiré de moi.

Oh ! de quel œil indifférent j'envisage aujourd'hui ce temps qui n'est plus ! Je me disposais à jouer dans ce lieu un personnage important ; mais, novice dans un rôle mal étudié, je me trouble et balbutie, ébloui par deux beaux yeux. Les parents, qu'abusent les apparences, s'empressent de conclure le mariage de leur fille, et une mystification est le dénouement de cette scène commune. Tout cela me semble aujourd'hui misérable et ridicule, et je m'effraie

daß so mir vorkommen kann, was damals so reich, so
groß, die Brust mir schwellte. Mina, wie ich damals
weinte, als ich dich verlor, so wein ich jetzt, dich auch
in mir verloren zu haben. Bin ich denn so alt worden? –
O traurige Vernunft! Nur noch ein Pulsschlag jener Zeit,
ein Moment jenes Wahnes, – aber nein! einsam auf dem
hohen, öden Meere deiner bittern Flut, und längst aus
dem letzten Pokale der Champagner Elfe entsprüht!

Ich hatte Bendel mit einigen Goldsäcken voraus
geschickt, um mir im Städtchen eine Wohnung nach
meinen Bedürfnissen einzurichten. Er hatte dort viel Geld
ausgestreut, und sich über den vornehmen Fremden,
dem er diente, etwas unbestimmt ausgedrückt, denn ich
wollte nicht genannt sein, das brachte die guten Leute
auf sonderbare Gedanken. Sobald mein Haus zu meinem
Empfang bereit war, kam Bendel wieder zu mir und holte
mich dahin ab. Wir machten uns auf die Reise.

Ungefähr eine Stunde vom Orte, auf einem
sonnigen Plan, ward uns der Weg durch eine festlich
geschmückte Menge versperrt. Der Wagen hielt. Musik,
Glockengeläute, Kanonenschüsse wurden gehört, ein
lautes Vivat durchdrang die Luft, – vor dem Schlage des
Wagens erschien in weißen Kleidern ein Chor Jungfrauen
von ausnehmender Schönheit, die aber vor der Einen,
wie die Sterne der Nacht vor der Sonne, verschwanden.
Sie trat aus der Mitte der Schwestern hervor; die hohe
zarte Bildung kniete verschämt errötend vor mir nieder,

cependant de trouver ridicule et misérable ce qui alors, source d'émotions, gonflait ma poitrine et précipitait les mouvements de mon cœur. Je pleure, Mina, comme au jour où je te perdis. Je pleure d'avoir perdu mes douleurs et ton image. Suis-je donc devenu si vieux. Ô cruelle raison !... Seulement encore un battement de mon cœur ! un instant de ce songe ! un souvenir de mes illusions ! Mais non, je vogue solitaire sur le cours décroissant du fleuve des âges, et la coupe enchantée est tarie.

Bendel avait pris les devants pour me procurer un logement convenable à ma situation. L'or qu'il sema à pleines mains et l'ambiguïté de ses expressions sur l'homme de distinction qu'il servait (car je n'avais pas voulu qu'il me nommât) inspirèrent au bon peuple de cette petite ville une singulière idée. Dès que ma maison fut prête à me recevoir, Bendel vint me retrouver, et je continuai avec lui mon voyage.

La foule nous barra le chemin environ à une lieue de la ville, dans un endroit découvert. La voiture s'arrêta ; le son des cloches, le bruit du canon et celui d'une musique brillante et guerrière se firent entendre à la fois. Enfin, un *vivat* universel retentit dans les airs. Alors une troupe de jeunes filles vêtues de blanc s'avança à la portière de la voiture ; la plupart étaient d'une grande beauté, mais l'une d'elles les éclipsait toutes, comme l'aurore fait pâlir les étoiles de la nuit. Elle s'avança la première en rougissant, et, fléchissant le genou,

und hielt mir auf seidenem Kissen einen aus Lorbeer, Ölzweigen und Rosen geflochtenen Kranz entgegen, indem sie von Majestät, Ehrfurcht und Liebe einige Worte sprach, die ich nicht verstand, aber deren zauberischer Silberklang mein Ohr und Herz berauschte, – es war mir, als wäre schon einmal die himmlische Erscheinung an mir vorüber gewallt. Der Chor fiel ein und sang das Lob eines guten Königs und das Glück seines Volkes.

Und dieser Auftritt, lieber Freund, mitten in der Sonne! – Sie kniete noch immer zwei Schritte von mir, und ich, ohne Schatten, konnte die Kluft nicht überspringen, nicht wieder vor dem Engel auf die Knie fallen. O, was hätt ich nicht da für einen Schatten gegeben! Ich mußte meine Scham, meine Angst, meine Verzweiflung tief in den Grund meines Wagens verbergen. Bendel besann sich endlich für mich, er sprang von der andern Seite aus dem Wagen heraus, ich rief ihn noch zurück und reichte ihm aus meinem Kästchen, das mir eben zur Hand lag, eine reiche diamantene Krone, die die schöne Fanny hatte zieren sollen. Er trat vor, und sprach im Namen seines Herrn, welcher solche Ehrenbezeugungen nicht annehmen könne noch wolle; es müsse hier ein Irrtum vorwalten; jedoch seien die guten Einwohner der Stadt für ihren guten Willen bedankt. Er nahm indes den dargehaltenen Kranz von seinem Ort und legte den brillanten Reif an dessen Stelle; dann reichte er ehrerbietig der schönen Jungfrau die Hand zum Aufstehen, entfernte mit einem Wink Geistlichkeit, Magistratus und alle Deputationen.

me présenta, sur un riche coussin, une couronne de laurier, de roses et d'olivier. Je ne compris pas le compliment qu'elle m'adressa en balbutiant ; je n'entendis que les mots d'amour, de respect, de majesté ; mais le son de sa voix fit tressaillir mon cœur. Je crus retrouver, tracés dans ma mémoire, les traits déjà connus de cette figure céleste. Cependant le chœur des jeunes filles entonna les louanges d'un bon roi, et chanta le bonheur de ses peuples.

Remarque, cher ami, que cette rencontre avait lieu en plein soleil, et moi, privé de mon ombre, je ne pouvais me précipiter hors de cette prison roulante où j'étais enfermé ; je ne pouvais tomber à mon tour aux genoux de cette angélique créature ; oh ! que n'aurais-je point en cet instant donné pour avoir mon ombre ! il me fallut cacher dans le fond de mon carrosse ma honte et mon désespoir. Bendel prit enfin le parti d'agir en mon nom ; il descendit, et, comme interprète de son maître, déclara que je ne devais ni ne voulais accepter de tels témoignages de respect, qui ne pouvaient m'être adressés que par une méprise ; mais que cependant je remerciais les habitants de la ville de leur obligeant accueil. Je tirai de mon écrin, qui était à ma portée, un riche diadème de diamants, destiné naguère à parer le front de la belle Fanny, et le remis à mon orateur. Il prit sur le coussin la couronne qui m'était présentée, posa le diadème à la place, offrit la main à la jeune personne, l'aida à se relever, et la reconduisit vers ses compagnes. Il congédia d'un geste de protection le clergé, les magistrats et les députations des différents corps ;

Niemand ward weiter vorgelassen. Er hieß den Haufen sich teilen und den Pferden Raum geben, schwang sich wieder in den Wagen, und fort gings weiter in gestrecktem Galopp, unter einer aus Laubwerk und Blumen erbauten Pforte hinweg, dem Städtchen zu. – Die Kanonen wurden immer frischweg abgefeuert. – Der Wagen hielt vor meinem Hause; ich sprang behend in die Tür, die Menge teilend, die die Begierde, mich zu sehen, herbeigerufen hatte. Der Pöbel schrie Vivat unter meinem Fenster, und ich ließ doppelte Dukaten daraus regnen. Am Abend war die Stadt freiwillig erleuchtet.

Und ich wußte immer noch nicht, was das alles bedeuten sollte und für wen ich angesehen wurde. Ich schickte Rascaln auf Kundschaft aus. Er ließ sich denn erzählen, wasmaßen man bereits sichere Nachrichten gehabt, der gute König von Preußen reise unter dem Namen eines Grafen durch das Land; wie mein Adjutant erkannt worden sei, und wie er sich und mich verraten habe; wie groß endlich die Freude gewesen, da man die Gewißheit gehabt, mich im Orte selbst zu besitzen.

Nun sah man freilich ein, da ich offenbar das strengste Inkognito beobachten wolle, wie sehr man unrecht gehabt, den Schleier so zudringlich zu lüften. Ich hätte aber so huldreich, so gnadenvoll gezürnt, – ich würde gewiß dem guten Herzen verzeihen müssen.

ordonna à la foule d'ouvrir le passage, et remonta lestement dans la voiture, qui partit au grand galop des chevaux. Nous entrâmes dans la ville en passant sous un arc de triomphe qu'on avait élevé à la hâte et décoré de fleurs et de branches de laurier. Cependant le canon ne cessait de tonner. La voiture s'arrêta devant mon hôtel. J'y entrai avec précipitation, obligé, pour gagner ma porte, de fendre les flots de la foule, que la curiosité et le désir de voir ma personne avaient rassemblée à l'entour. Le peuple criait *vivat* sous mes fenêtres, et j'en fis pleuvoir des ducats. Enfin, le soir, la ville fut spontanément illuminée.

Je ne savais encore ce que tout cela signifiait, ni pour qui on me prenait ; j'envoyai Rascal aux informations. On lui raconta comment on avait eu la nouvelle certaine que le roi de Prusse voyageait dans le pays sous le simple titre de comte ; comment mon chambellan s'était trahi et m'avait fait découvrir ; et, enfin, quelle avait été la joie publique à la certitude de me posséder dans ces murs.

Maintenant que l'on voyait quel strict incognito je voulais garder, on se désolait d'avoir si indiscrètement soulevé le voile dont je m'enveloppais. Cependant, ma colère avait été mêlée de tant de marques de clémence et de grâce, que l'on espérait que je voudrais bien pardonner aux habitants en faveur de leur bonne intention.

Meinem Schlingel kam die Sache so spaßhaft vor, daß er mit strafenden Reden sein Möglichstes tat, die guten Leute einstweilen in ihrem Glauben zu bestärken. Er stattete mir einen sehr komischen Bericht ab, und da er mich dadurch erheitert sah, gab er mir selbst seine verübte Bosheit zum besten. – Muß ichs bekennen? Es schmeichelte mir doch, sei es auch nur so, für das verehrte Haupt angesehen worden zu sein.

Ich hieß zu dem morgenden Abend unter den Bäumen, die den Raum vor meinem Hause beschatteten, ein Fest bereiten und die ganze Stadt dazu einladen. Der geheimnisreichen Kraft meines Seckels, Bendels Bemühungen und der behenden Erfindsamkeit Rascals gelang es, selbst die Zeit zu besiegen. Es ist wirklich erstaunlich, wie reich und schön sich alles in den wenigen Stunden anordnete. Die Pracht und der Überfluß, die da sich erzeugten; auch die sinnreiche Erleuchtung war so weise verteilt, daß ich mich ganz sicher fühlte. Es blieb mir nichts zu erinnern, ich mußte meine Diener loben.

Es dunkelte der Abend. Die Gäste erschienen und wurden mir vorgestellt. Es ward die Majestät nicht mehr berührt; aber ich hieß in tiefer Ehrfurcht und Demut: Herr Graf. Was sollte ich tun? Ich ließ mir den Grafen gefallen, und blieb von Stund an der Graf Peter.

La chose parut si plaisante à mon coquin, que, par ses discours insidieux et ses graves remontrances, il fit tout ce qui dépendait de lui pour affermir ces bonnes gens dans leur opinion. Il me rapporta ces nouvelles avec beaucoup de gaîté, et voyant qu'il me divertissait, il alla jusqu'à se vanter de son espièglerie. Faut-il l'avouer ? j'étais en secret flatté des honneurs que je recevais, bien que je susse qu'ils s'adressaient à un autre.

J'ordonnai de préparer pour le lendemain au soir, sous les arbres qui ornaient la place où donnaient mes fenêtres, une fête, à laquelle je fis inviter toute la ville. La vertu secrète de ma bourse, l'activité de Bendel, l'adresse inventive de l'ingénieux Rascal, levèrent tous les obstacles, et triomphèrent de la brièveté du temps. Tout s'arrangea avec un ordre et une précision admirables. Magnificence, délicatesse, profusion, rien ne manqua. L'illumination brillante était disposée avec tant d'art, que je n'avais rien à craindre ; je n'eus, en un mot, que des louanges à donner à mes serviteurs.

À l'heure indiquée, tout le monde arriva, et chaque personne me fut présentée. Le mot de Majesté ne fut plus prononcé, mais chacun me salua avec le plus profond respect sous le nom de comte. Que pouvais-je faire ? J'acceptai le titre, et me laissai nommer le comte Pierre.

Mitten im festlichen Gewühle begehrte meine Seele nur
nach der Einen. Spät erschien sie, sie, die die Krone war
und trug. Sie folgte sittsam ihren Eltern, und schien nicht
zu wissen, daß sie die Schönste sei. Es wurden mir der Herr
Forstmeister, seine Frau und seine Tochter vorgestellt. Ich
wußte den Alten viel Angenehmes und Verbindliches zu
sagen; vor der Tochter stand ich wie ein ausgescholtener
Knabe da, und vermochte kein Wort hervor zu lallen. Ich
bat sie endlich stammelnd, dies Fest zu würdigen, das Amt,
dessen Zeichen sie schmückte, darin zu verwalten. Sie
bat verschämt mit einem rührenden Blick um Schonung;
aber verschämter vor ihr, als sie selbst, brachte ich ihr
als erster Untertan meine Huldigung in tiefer Ehrfurcht,
und der Wink des Grafen ward allen Gästen ein Gebot,
dem nachzuleben sich jeder freudig beeiferte. Majestät,
Unschuld und Grazie beherrschten, mit der Schönheit
im Bunde, ein frohes Fest. Die glücklichen Eltern Minas
glaubten ihnen nur zu Ehren ihr Kind erhöht; ich selber
war in einem unbeschreiblichen Rausch. Ich ließ alles,
was ich noch von den Juwelen hatte, die ich damals, um
beschwerliches Gold los zu werden, gekauft, alle Perlen,
alles Edelgestein in zwei verdeckte Schüsseln legen
und bei Tische, unter dem Namen der Königin, ihren
Gespielinnen und allen Damen herumreichen; Gold ward
indessen ununterbrochen über die gezogenen Schranken
unter das jubelnde Volk geworfen.

Cependant, au milieu de cette foule empressée et joyeuse, mon âme ne soupirait qu'après un seul objet. Elle parut enfin, bien tard au gré de mon impatience, celle qui, digne de la couronne, en portait sur son front le simulacre — le diadème que Bendel avait échangé contre l'offrande de cette bonne ville. Elle suivait modestement ses parents, et semblait seule ignorer qu'elle était la plus belle. On me nomma M. l'inspecteur des forêts, Madame son épouse et Mademoiselle sa fille. Je réussis à dire mille choses agréables et obligeantes aux parents, mais je restai devant leur fille muet et déconcerté, comme l'enfant qui vient d'être pris en faute ; enfin je la suppliai, en balbutiant, d'honorer cette fête en y acceptant le rang dû à ses grâces et à sa beauté. Elle sembla, d'un coup d'œil expressif et touchant, réclamer mon indulgence ; mais aussi timide qu'elle-même, je ne pus que lui offrir en hésitant mes hommages comme à la reine de la fête. La beauté de mon choix réunit facilement tous les suffrages ; on adora en elle la faveur et l'innocence, qui a bien aussi sa majesté. Les heureux parents de Mina s'attribuaient les respects que l'on rendait à leur fille. Quant à moi, j'étais dans une ivresse difficile à décrire. Sur la fin du repas, je fis apporter dans deux bassins couverts toutes les perles, tous les bijoux, tous les diamants dont j'avais autrefois fait emplette pour me débarrasser d'une partie de mon or, et je les fis distribuer, au nom de la reine, à toutes ses compagnes et à toutes les dames. Cependant, du haut des différents buffets élevés derrière les tables, on jetait sans interruption des pièces d'or au peuple rassemblé sur la place.

Bendel am andern Morgen eröffnete mir im Vertrauen, der Verdacht, den er längst gegen Rascals Redlichkeit gehegt, sei nunmehr zur Gewißheit worden. Er habe gestern ganze Säcke Goldes unterschlagen.

»Laß uns«, erwidert ich, »dem armen Schelmen die kleine Beute gönnen; ich spende gern allen, warum nicht auch ihm? Gestern hat er mir, haben mir alle neuen Leute, die du mir gegeben, redlich gedient, sie haben mir froh ein frohes Fest begehen helfen.«

Es war nicht weiter die Rede davon. Rascal blieb der erste meiner Dienerschaft, Bendel war aber mein Freund und mein Vertrauter. Dieser war gewohnt worden, meinen Reichtum als unerschöpflich zu denken, und er spähte nicht nach dessen Quellen; er half mir vielmehr, in meinen Sinn eingehend, Gelegenheiten ersinnen, ihn darzutun und Gold zu vergeuden. Von jenem Unbekannten, dem blassen Schleicher, wußt er nur so viel: Ich dürfe allein durch ihn von dem Fluche erlöst werden, der auf mir laste, und fürchte ihn, auf dem meine einzige Hoffnung ruhe. Übrigens sei ich davon überzeugt, er könne mich überall auffinden, ich ihn nirgends, darum ich, den versprochenen Tag erwartend, jede vergebliche Nachsuchung eingestellt.

Die Pracht meines Festes und mein Benehmen dabei erhielten anfangs die starkgläubigen Einwohner der Stadt bei ihrer vorgefaßten Meinung. Es ergab sich freilich sehr bald aus den Zeitungen,

Bendel, le lendemain matin, me prévint en confidence que les soupçons qu'il avait conçus depuis longtemps sur la fidélité de Rascal s'étaient enfin changés en certitude ?

— Hier, pendant la fête, me dit-il, je l'ai vu détourner et s'approprier plusieurs sacs pleins d'or.

— N'envions point, lui répondis-je, à ce pauvre diable, le chétif butin qu'il a pu faire. J'en enrichis bien d'autres, pourquoi celui-là ne tirerait-il pas parti de la circonstance ? Il m'a bien servi hier, ainsi que les gens que tu as nouvellement attachés à mon service ; ils ont tous contribué à ma joie, il est juste qu'ils y trouvent leur profit.

Il n'en fut plus question. Rascal resta le premier de mes domestiques, car Bendel était mon confident et mon ami. Celui-ci s'était accoutumé à regarder mes richesses comme inépuisables, sans jamais s'enquérir quelle en pouvait être la source. Se conformant à mes caprices, il m'aidait à inventer des occasions de faire parade de mes trésors et de les prodiguer. Quant à l'inconnu, il savait seulement que je croyais ne pouvoir attendre que de lui la fin de mon opprobre. Il me voyait en même temps redouter cet être énigmatique en qui je mettais ma dernière espérance, et persuadé de l'inutilité de toute perquisition, me résigner à attendre le jour que lui-même m'avait fixé pour une entrevue.

La magnificence de ma fête et la manière dont j'avais représenté confirmèrent d'abord les habitants de la ville dans leur prévention. Cependant, les gazettes ayant démenti

daß die ganze fabelhafte Reise des Königs von Preußen
ein bloßes ungegründetes Gerücht gewesen. Ein König
war ich aber nun einmal, und mußte schlechterdings
ein König bleiben, und zwar einer der reichsten und
königlichsten, die es immer geben mag. Nur wußte man
nicht recht, welcher. Die Welt hat nie Grund gehabt,
über Mangel an Monarchen zu klagen, am wenigsten
in unsern Tagen; die guten Leute, die noch keinen
mit Augen gesehen, rieten mit gleichem Glück bald
auf diesen, bald auf jenen – Graf Peter blieb immer,
der er war.

Einst erschien unter den Badegästen ein
Handelsmann, der Bankerot gemacht hatte, um sich zu
bereichern, der allgemeiner Achtung genoß und einen
breiten, obgleich etwas blassen Schatten von sich warf.
Er wollte hier das Vermögen, das er gesammelt, zum
Prunk ausstellen, und es fiel sogar ihm ein, mit mir
wetteifern zu wollen. Ich sprach meinem Seckel zu,
und hatte sehr bald den armen Teufel so weit, daß er,
um sein Ansehen zu retten, abermals Bankerot machen
mußte und über das Gebirge ziehen. So ward ich ihn
los. – Ich habe in dieser Gegend viele Taugenichtse
und Müßiggänger gemacht!

Bei der königlichen Pracht und Verschwendung,
womit ich mir alles unterwarf, lebt ich in meinem
Hause sehr einfach und eingezogen. Ich hatte mir
die größte Vorsicht zur Regel gemacht, es durfte,

le bruit du prétendu voyage de S. M. Prussienne, les conjectures se tournèrent d'un autre côté. Il fallait absolument que je fusse roi, et l'une des plus riches et des plus royales majestés qui eussent jamais existé. Seulement on se demandait quel pouvait être mon empire. Le monde n'a jamais eu, que je sache, à se plaindre de la disette de monarques, et moins de nos jours que jamais. Ces bonnes gens, qui cependant n'en avaient encore vu aucun de leurs yeux, devinaient l'énigme avec autant de bonheur les uns que les autres. J'étais tantôt un souverain du Nord ; tantôt un potentat du Midi. Et, en attendant, le comte Pierre restait toujours le comte Pierre.

Un jour il arriva aux bains un négociant qui avait fait banqueroute pour s'enrichir ; il jouissait de la considération générale, et réfléchissait devant lui une ombre passablement large, quoique un peu pâle. Il venait dans ce lieu pour dépenser avec honneur les biens qu'il avait amassés. Il lui prit envie de rivaliser avec moi et de chercher à m'éclipser ; mais, grâce à ma bourse, je menai d'une telle façon le pauvre diable, que, pour sauver son crédit et sa réputation, il lui fallut manquer derechef, et repasser les montagnes ; ainsi j'en fus débarrassé. — Oh ! que de vauriens et de fainéants j'ai faits dans ce pays !

Au milieu du faste vraiment royal qui m'environnait, et des profusions immenses de tous genres par lesquelles je me soumettais tout, je vivais dans l'intérieur de ma maison très solitaire et très retiré ; je m'étais fait une règle de la plus exacte

unter keinem Vorwand, kein anderer, als Bendel, die
Zimmer, die ich bewohnte, betreten. So lange die Sonne
schien, hielt ich mich mit ihm darin verschlossen, und
es hieß: der Graf arbeite in seinem Kabinet. Mit diesen
Arbeiten standen die häufigen Kuriere in Verbindung, die
ich um jede Kleinigkeit abschickte und erhielt. – Ich nahm
nur am Abend unter meinen Bäumen, oder in meinem
nach Bendels Angabe geschickt und reich erleuchteten
Saale Gesellschaft an. Wenn ich ausging, wobei mich
stets Bendel mit Argusaugen bewachen mußte, so war es
nur nach dem Förstergarten, und um der Einen willen;
denn meines Lebens innerlichstes Herz war meine Liebe.

O mein guter Chamisso, ich will hoffen, Du habest
noch nicht vergessen, was Liebe sei! Ich lasse Dir hier
vieles zu ergänzen. Mina war wirklich ein liebewertes,
gutes, frommes Kind. Ich hatte ihre ganze Phantasie an
mich gefesselt, sie wußte in ihrer Demut nicht, womit
sie wert gewesen, daß ich nur nach ihr geblickt; und sie
vergalt Liebe um Liebe mit der vollen jugendlichen Kraft
eines unschuldigen Herzens. Sie liebte wie ein Weib,
ganz hin sich opfernd; selbstvergessen, hingegeben den
nur meinend, der ihr Leben war, unbekümmert, solle sie
selbst zu Grunde gehen, das heißt, sie liebte wirklich.

Ich aber – o welche schreckliche Stunden –
schrecklich! und würdig dennoch, daß ich sie
zurückwünsche – hab ich oft an Bendels Brust verweint,
als nach dem ersten bewußtlosen Rausch ich mich
besonnen, mich selbst scharf angeschaut, der ich,

circonspection : personne, excepté Bendel, n'entrait sous aucun prétexte que ce fût dans la chambre que j'habitais. Je m'y tenais, tant que le soleil éclairait l'horizon, exactement renfermé avec mon confident, et l'on disait que le comte travaillait dans son cabinet ; on supposait que les nombreux courriers que j'expédiais pour les moindres futilités étaient porteurs des résultats de ce travail. Je ne recevais que le soir, dans mes salons ou dans mes jardins illuminés avec éclat, mais toujours avec prudence, par les soins de Bendel, et toujours surveillé par ses yeux d'Argus ; je ne sortais que pour suivre la jolie Mina au jardin de l'inspecteur des forêts, car mon amour faisait le seul charme de ma vie.

Oh ! mon cher Adelbert ! j'espère que tu n'as pas encore oublié ce que c'est que l'amour ! Je te laisserai ici une grande lacune à remplir. Mina était en effet une bonne, une aimable enfant ; j'avais enchaîné toutes les puissances de son être. Elle se demandait, dans son humilité, comment elle avait pu mériter que je jetasse les yeux sur elle. Elle me rendait amour pour amour ; elle m'aimait avec toute l'énergie d'un cœur innocent et neuf. Elle m'aimait, comme les femmes savent aimer : s'ignorant, se sacrifiant elle-même, sans savoir ce que c'est qu'un sacrifice, ne songeant qu'à l'objet aimé, ne vivant qu'en lui, que pour lui : oui, j'étais aimé !

Et moi cependant, oh ! quelles heures terribles, heures pourtant que rappellent mes regrets, j'ai passées dans les larmes, entre les bras de Bendel, depuis que, revenu d'une première ivresse, je fus rentré dans moi-même !

ohne Schatten, mit tückischer Selbstsucht diesen
Engel verderbend, die reine Seele an mich gelogen und
gestohlen! Dann beschloß ich, mich ihr selber zu verraten;
dann gelobt ich mit teuren Eidschwüren, mich von ihr zu
reißen und zu entfliehen; dann brach ich wieder in Tränen
aus und verabredete mit Bendeln, wie ich sie auf den
Abend im Förstergarten besuchen wolle.

Zu andern Zeiten log ich mir selber vom nahe
bevorstehenden Besuch des grauen Unbekannten große
Hoffnungen vor, und weinte wieder, wenn ich daran zu
glauben vergebens versucht hatte. Ich hatte den Tag
ausgerechnet, wo ich den Furchtbaren wieder zu sehen
erwartete; denn er hatte gesagt, in Jahr und Tag, und ich
glaubte an sein Wort.

Die Eltern waren gute, ehrbare, alte Leute, die
ihr einziges Kind sehr liebten, das ganze Verhältnis
überraschte sie, als es schon bestand, und sie wußten
nicht, was sie dabei tun sollten. Sie hatten früher
nicht geträumt, der Graf Peter könne nur an ihr Kind
denken, nun liebte er sie gar und ward wieder geliebt.
– Die Mutter war wohl eitel genug, an die Möglichkeit
einer Verbindung zu denken, und darauf hinzuarbeiten;
der gesunde Menschenverstand des Alten gab solchen
überspannten Vorstellungen nicht Raum. Beide waren
überzeugt von der Reinheit meiner Liebe – sie konnten
nichts tun, als für ihr Kind beten.

Moi, dont le barbare égoïsme, du sein de mon ignominie, abusait, trahissait, entraînait après moi dans le précipice cette âme pure et angélique. Alors je prenais la résolution de m'accuser moi-même devant elle ; ou soudain je faisais le serment de m'arracher de ces lieux, de fuir pour jamais sa présence ; puis, je répandais de nouveaux torrents de larmes, et je finissais par concerter avec Bendel les moyens de la revoir le soir même dans le jardin de son père.

D'autres fois je cherchais à me flatter de l'espérance de la visite prochaine de l'homme en habit gris ; mais mes larmes coulaient de nouveau, lorsque en vain j'avais essayé de me repaître de chimères. J'avais sans cesse devant les yeux le jour qu'il avait fixé pour me revoir, jour aussi redouté qu'impatiemment attendu. Il avait dit : d'aujourd'hui en un an, et j'ajoutais foi à sa parole.

Les parents de Mina étaient de bonnes gens, qui, sur le retour de l'âge, n'avaient d'autre affection que le tendre amour qu'ils portaient à leur fille unique. Notre amour les surprit avant qu'ils s'en fussent avisés, et, dominés par les événements, ils ne savaient à quoi se résoudre. Il ne leur était pas d'abord venu dans l'esprit que le comte Pierre pût jeter les yeux sur leur enfant ; et voilà qu'il l'aimait et qu'il en était aimé. La vanité de la mère allait jusqu'à se bercer de la possibilité d'une alliance, dont elle cherchait même à aplanir les voies ; mais le bon sens du père se refusait à une aussi folle ambition. Tous deux cependant étaient également convaincus de la pureté de mes sentiments ; ils ne pouvaient que prier Dieu pour le bonheur de leur fille.

Es fällt mir ein Brief in die Hand, den ich noch aus dieser Zeit von Mina habe. – Ja, das sind ihre Züge! Ich will Dir ihn abschreiben.

>»Bin ein schwaches, törichtes Mädchen, könnte mir einbilden, daß mein Geliebter, weil ich ihn innig, innig liebe, dem armen Mädchen nicht weh tun möchte. – Ach, Du bist so gut, so unaussprechlich gut; aber mißdeute mich nicht. Du sollst mir nichts opfern, mir nichts opfern wollen; o Gott! ich könnte mich hassen, wenn Du das tätest. Nein – Du hast mich unendlich glücklich gemacht, Du hast mich Dich lieben gelehrt. Zeuch hin! – Weiß doch mein Schicksal, Graf Peter gehört nicht mir, gehört der Welt an. Will stolz sein, wenn ich höre: das ist er gewesen, und das war er wieder, und das hat er vollbracht; da haben sie ihn angebetet, und da haben sie ihn vergöttert. Siehe, wenn ich das denke, zürne ich Dir, daß Du bei einem einfältigen Kinde Deiner hohen Schicksale vergessen kannst. – Zeuch hin, sonst macht der Gedanke mich noch unglücklich, die ich, ach! durch Dich so glücklich, so selig bin. – Hab ich nicht auch einen Ölzweig und eine Rosenknospe in Dein Leben geflochten, wie in den Kranz, den ich Dir überreichen durfte? Habe Dich im Herzen, mein Geliebter, fürchte nicht, von mir zu gehen – werde sterben, ach! so selig, so unaussprechlich selig durch Dich.«

Une lettre de Mina, écrite dans ce temps, me tombe en ce moment sous la main. Oui, c'est son écriture ! je vais te la transcrire.

> « J'ai de bien folles pensées. Je m'imagine que mon ami, parce que j'ai pour lui beaucoup d'amour, pourrait craindre de m'affliger. Tu es si bon, si incomparablement bon ! Entends-moi bien : il ne faut pas que tu me fasses aucun sacrifice ; il ne faut pas que tu veuilles m'en faire aucun. Mon Dieu, si je le croyais, je pourrais me haïr. Non, tu m'as rendue infiniment heureuse, tu t'es fait aimer. Pars. Je n'ignore pas mon destin. Le comte Pierre ne saurait m'appartenir ! il appartient au monde entier. Avec quel orgueil j'entendrai dire : Voilà où il a passé ; voilà ce qu'il a fait ; voilà ce qu'on lui doit ; là, on a béni son nom, et là on l'a adoré. Quand j'y songe, je pourrais t'en vouloir d'oublier tes grandes destinées auprès d'une pauvre enfant. Pars, mon ami, ou cette pensée détruira mon bonheur, moi qui suis par toi si heureuse. N'ai-je pas orné ta vie d'un bouton de rose comme j'en avait mêlé dans la couronne que je t'offris. Ne crains pas de me quitter, ô mon ami, je te possède tout entier dans mon cœur. Je mourrai, je mourrai heureuse, oui, au comble du bonheur, par toi, pour toi. »

Du kannst Dir denken, wie mir die Worte durchs Herz schneiden mußten. Ich erklärte ihr, ich sei nicht das, wofür man mich anzusehen schien; ich sei nur ein reicher, aber unendlich elender Mann. Auf mir ruhe ein Fluch, der das einzige Geheimnis zwischen ihr und mir sein solle, weil ich noch nicht ohne Hoffnung sei, daß er gelöst werde. Dies sei das Gift meiner Tage: daß ich sie mit in den Abgrund hinreißen könne, sie, die das einzige Licht, das einzige Glück, das einzige Herz meines Lebens sei. Dann weinte sie wieder, daß ich unglücklich war. Ach, sie war so liebevoll, so gut! Um *eine* Träne nur mir zu erkaufen, hätte sie, mit welcher Seligkeit, sich selbst ganz hingeopfert.

Sie war indes weit entfernt, meine Worte richtig zu deuten, sie ahnete nun in mir irgend einen Fürsten, den ein schwerer Bann getroffen, irgend ein hohes, geachtetes Haupt, und ihre Einbildungskraft malte sich geschäftig unter heroischen Bildern den Geliebten herrlich aus.

Einst sagte ich ihr:

»Mina, der letzte Tag im künftigen Monat kann mein Schicksal ändern und entscheiden – geschieht es nicht, so muß ich sterben, weil ich dich nicht unglücklich machen will.«

Sie verbarg weinend ihr Haupt an meiner Brust.

»Ändert sich dein Schicksal, laß mich nur dich glücklich wissen, ich habe keinen Anspruch an dich. – Bist du elend, binde mich an dein Elend, daß ich es dir tragen helfe.«

Je te laisse à penser combien ces lignes me déchirèrent le cœur. Je lui déclarai un jour que je n'étais nullement ce que l'on semblait me croire ; que je n'étais qu'un particulier riche, mais infiniment misérable ; que je lui faisais un mystère de la malédiction qui pesait sur ma tête, parce que je n'étais pas encore sans espérance de la voir finir ; mais que ce qui empoisonnait la félicité de mes jours, c'était l'appréhension d'entraîner après moi dans l'abîme celle qui était, à mes yeux, l'ange consolateur de ma destinée. Elle pleurait de me voir malheureux. Loin de reculer devant les sacrifices de l'amour, elle eût volontiers donné toute son existence pour racheter une seule de mes larmes.

Mina interpréta autrement ces paroles ; elle me supposa quelque illustre proscrit dont la fureur des partis poursuivait la tête, et son imagination ne cessait d'entourer son ami d'images héroïques.

Un jour, je lui dis :

« Mina, le dernier jour du mois prochain décidera de mon sort ; mais si l'espérance m'abuse, je ne veux point ton malheur ; il ne me restera qu'à mourir. »

À ces mots, elle cacha son visage dans mon sein.

— Si ton sort change, me dit-elle, laisse-moi seulement te savoir heureux. Je ne prétends point à toi ; mais si le malheur s'appesantit sur ta tête, attache-moi à ton destin, et laisse-moi t'aider à le supporter.

»Mädchen, Mädchen, nimm es zurück, das rasche Wort, das törichte, das deinen Lippen entflohen – und kennst du es, dieses Elend, kennst du ihn, diesen Fluch? Weißt du, wer dein Geliebter – – was er –? – Siehst du mich nicht krampfhaft zusammenschaudern, und vor dir ein Geheimnis haben?«

Sie fiel schluchzend mir zu Füßen, und wiederholte mit Eidschwur ihre Bitte.

Ich erklärte mich gegen den hereintretenden Forstmeister, meine Absicht sei, am ersten des nächstkünftigen Monats um die Hand seiner Tochter anzuhalten – ich setzte diese Zeit fest, weil sich bis dahin manches ereignen dürfte, was Einfluß auf mein Schicksal haben könnte. Unwandelbar sei nur meine Liebe zu seiner Tochter.

Der gute Mann erschrak ordentlich, als er solche Worte aus dem Munde des Grafen Peter vernahm. Er fiel mir um den Hals, und ward wieder ganz verschämt, sich vergessen zu haben. Nun fiel es ihm ein, zu zweifeln, zu erwägen und zu forschen; er sprach von Mitgift, von Sicherheit, von Zukunft für sein liebes Kind. Ich dankte ihm, mich daran zu mahnen. Ich sagte ihm, ich wünsche in dieser Gegend, wo ich geliebt zu sein schien, mich anzusiedeln, und ein sorgenfreies Leben zu führen. Ich bat ihn, die schönsten Güter, die im Lande ausgeboten wurden, unter dem Namen seiner Tochter zu kaufen, und die Bezahlung auf mich anzuweisen.

— Ô mon amie, quelles indiscrètes paroles se sont échappées de tes lèvres ! Rétracte ! rétracte ce vœu téméraire ! Connais-tu le destin que tu t'offres à partager, et l'anathème qui me flétrit ? Me connais-tu bien ? Sais-tu… ? Ne me vois-tu pas frémir et hésiter ? Ne me vois-tu pas, dans mon désespoir, entretenir un fatal secret entre toi et moi.

Elle tomba à mes pieds en sanglotant, et me répéta avec serment la même prière.

L'inspecteur entra, et je lui déclarai que mon intention était de faire la demande solennelle de la main de sa fille le premier jour du mois suivant. Je ne lui précisais ce temps, ajoutai-je, que parce que d'ici là certains événements pourraient beaucoup influer sur ma position, mais que mes sentiments pour sa fille étaient inaltérables.

Le bon homme parut confondu d'une telle proposition de la part du comte Pierre. L'amour paternel a aussi son orgueil. Ravi de la brillante destinée offerte à sa fille, il me sauta cordialement au cou ; puis, revenant de son émotion, il sembla confus de s'être un instant oublié. Cependant, au milieu de sa joie, il lui vint quelque scrupule. Il parla de sûretés pour l'avenir ; du sort qu'il devait chercher à régler en faveur de son enfant : le mot de dot enfin lui échappa. Je le remerciai de m'y avoir fait songer, et j'ajoutai que : désirant me fixer dans un pays où je paraissais aimé, pour y mener une vie retirée et libre, je le priais d'acheter, sous le nom de sa fille, les plus belles terres qui se trouveraient en vente dans les environs, et d'en assigner le paiement sur ma cassette.

Es könne darin ein Vater dem Liebenden am besten dienen. – Es gab ihm viel zu tun, denn überall war ihm ein Fremder zuvorgekommen; er kaufte auch nur für ungefähr eine Million.

Daß ich ihn damit beschäftigte, war im Grunde eine unschuldige List, um ihn zu entfernen, und ich hatte schon ähnliche mit ihm gebraucht, denn ich muß gestehen, daß er etwas lästig war. Die gute Mutter war dagegen etwas taub, und nicht, wie er, auf die Ehre eifersüchtig, den Herrn Grafen zu unterhalten.

Die Mutter kam hinzu, die glücklichen Leute drangen in mich, den Abend länger unter ihnen zu bleiben; ich durfte keine Minute weilen: ich sah schon den aufgehenden Mond am Horizonte dämmern. – Meine Zeit war um.

Am nächsten Abend ging ich wieder nach dem Förstergarten. Ich hatte den Mantel weit über die Schulter geworfen, den Hut tief in die Augen gedrückt, ich ging auf Mina zu; wie sie aufsah, und mich anblickte, machte sie eine unwillkürliche Bewegung; da stand mir wieder klar vor der Seele die Erscheinung jener schaurigen Nacht, wo ich mich im Mondschein ohne Schatten gezeigt. Sie war es wirklich. Hatte sie mich aber auch jetzt erkannt? Sie war still und gedankenvoll – mir lag es zentnerschwer auf der Brust – ich stand von meinem Sitz auf. Sie warf sich stille weinend an meine Brust. Ich ging.

Je le laissais, lui dis-je, maître de tout, parce que dans cette occasion c'était à un père à servir un amant. Cette commission, dont il se chargea avec joie, ne fut pas pour lui sans peines, car un inconnu mettait partout l'enchère sur les biens sur lesquels il jetait les yeux ; aussi ne put-il en acquérir que pour environ la somme d'un million.

J'avoue que je n'étais pas fâché de lui procurer quelque occupation qui l'éloignât de nous. C'était une ruse que j'avais déjà employée plusieurs fois, car le bonhomme ne laissait pas que d'être un peu fatigant. Pour la mère, elle avait l'ouïe dure, et n'était pas, comme son mari, jalouse de l'honneur d'entretenir M. le comte.

Ces heureux parents me pressèrent de prolonger avec eux la soirée. Il fallut me refuser à leurs instances. Nous étions au milieu du jardin, et déjà je voyais la clarté de la lune s'élever à l'horizon ; je n'avais pas une minute à perdre, mon temps était accompli.

Le lendemain je revins au même lieu. J'avais jeté mon manteau sur mes épaules et rabattu mon chapeau sur mes yeux ; je m'avançai vers Mina ; elle leva les yeux sur moi et tressaillit. À ce mouvement, je me rappelai cette nuit lugubre où, jadis, je m'étais exposé sans ombre aux rayons de la lune. En effet, c'était elle-même que j'avais vue cette nuit-là ; m'avait-elle aussi reconnu ? Elle était silencieuse et abattue ; ma poitrine était oppressée. Je me levai de mon siège ; elle se jeta sans rien dire dans mon sein et l'inonda de ses pleurs. Je m'éloignai.

Nun fand ich sie öfters in Tränen, mir wards finster und finsterer um die Seele, – nur die Eltern schwammen in überschwenglicher Glückseligkeit.

Der verhängnisvolle Tag rückte heran, bang und dumpf, wie eine Gewitterwolke. Der Vorabend war da – ich konnte kaum mehr atmen. Ich hatte vorsorglich einige Kisten mit Gold angefüllt, ich wachte die zwölfte Stunde heran. – Sie schlug.

Nun saß ich da, das Auge auf die Zeiger der Uhr gerichtet, die Sekunden, die Minuten zählend, wie Dolchstiche. Bei jedem Lärm, der sich regte, fuhr ich auf, der Tag brach an. Die bleiernen Stunden verdrängten einander, es ward Mittag, Abend, Nacht; es rückten die Zeiger, welkte die Hoffnung; es schlug eilf, und nichts erschien, die letzten Minuten der letzten Stunde fielen, und nichts erschien, es schlug der erste Schlag, der letzte Schlag der zwölften Stunde, und ich sank hoffnungslos in unendlichen Tränen auf mein Lager zurück. Morgen sollt ich – auf immer schattenlos, um die Hand der Geliebten anhalten; ein banger Schlaf drückte mir gegen den Morgen die Augen zu. ◆

Souvent, depuis lors, je la trouvai dans les larmes, et l'avenir s'obscurcit de plus en plus pour moi. Ses parents, cependant, étaient au comble du bonheur.

La veille du jour fatal arriva. À peine pouvais-je respirer. J'avais, par précaution, rempli d'or un assez grand nombre de caisses. J'attendais avec impatience la douzième heure. Elle sonna.

Assis vis-à-vis de la pendule, l'œil fixé sur les aiguilles, chaque minute, chaque seconde que je comptais, était un coup de poignard. Je tressaillais au moindre bruit qui se faisait entendre. Le jour se leva, les heures se succédèrent lentement, comme si elles avaient eu des ailes de plomb ; la nuit survint. Onze heures sonnèrent. Les dernières minutes, les dernières secondes de la dernière heure s'écoulèrent ; personne ne parut. Voilà minuit !... Je compte, les uns après les autres, les douze coups de la cloche ; au dernier, mes larmes s'échappèrent comme un torrent, et je tombai à la renverse sur mon lit de douleurs. Je n'avais plus d'espérance, et je devais, à jamais sans ombre, demander le lendemain la main de ma maîtresse. Un sommeil plein d'angoisse me ferma les yeux vers le matin. ■

V

Es war noch früh, als mich Stimmen weckten, die sich in meinem Vorzimmer, in heftigem Wortwechsel, erhoben. Ich horchte auf. – Bendel verbot meine Tür; Rascal schwur hoch und teuer, keine Befehle von seines Gleichen anzunehmen, und bestand darauf, in meine Zimmer einzudringen. Der gütige Bendel verwies ihm, daß solche Worte, falls sie zu meinen Ohren kämen, ihn um einen vorteilhaften Dienst bringen würden. Rascal drohte Hand an ihn zu legen, wenn er ihm den Eingang noch länger vertreten wollte.

Ich hatte mich halb angezogen, ich riß zornig die Tür auf, und fuhr auf Rascaln zu – »Was willst du, Schurke – –« er trat zwei Schritte zurück, und antwortete ganz kalt: »Sie untertänigst bitten, Herr Graf, mir doch einmal Ihren Schatten sehen zu lassen, – die Sonne scheint eben so schön auf dem Hofe.«

Ich war wie vom Donner gerührt. Es dauerte lange, bis ich die Sprache wieder fand.

V

Il était encore de bonne heure lorsque je fus réveillé par des voix qui s'élevaient avec véhémence dans mon antichambre. Je prêtai l'oreille : Bendel défendait ma porte ; Rascal jurait qu'il ne recevrait point d'ordre de son égal, et prétendait entrer malgré lui dans mon appartement. Bendel lui représentait avec douceur que ces propos, s'ils parvenaient à mon oreille, le feraient renvoyer d'un service auquel le devait attacher son propre intérêt. Rascal le menaçait de porter la main sur lui s'il s'obstinait plus longtemps à lui barrer le passage.

Je m'étais habillé à demi ; j'ouvris ma porte avec colère, et m'avançai sur Rascal en l'apostrophant : « Que prétends-tu, misérable ?… » Il recula d'un pas et me répondit, avec le plus grand sang-froid : « Vous supplier humblement, Monsieur le comte, de me faire voir enfin votre ombre ; tenez, le plus beau soleil luit maintenant dans votre cour. »

Je demeurai immobile, et comme frappé de la foudre. Il se passa longtemps avant que je retrouvasse l'usage de la parole.

»Wie kann ein Knecht gegen seinen Herrn –?«

Er fiel mir ganz ruhig in die Rede:

»Ein Knecht kann ein sehr ehrlicher Mann sein und einem Schattenlosen nicht dienen wollen, ich fordre meine Entlassung.«

Ich mußte andere Saiten aufziehen.

»Aber, Rascal, lieber Rascal, wer hat dich auf die unglückliche Idee gebracht, wie kannst du denken – –?«

Er fuhr im selben Tone fort:

»Es wollen Leute behaupten, Sie hätten keinen Schatten – und kurz, Sie zeigen mir Ihren Schatten, oder geben mir meine Entlassung.«

Bendel, bleich und zitternd, aber besonnener als ich, machte mir ein Zeichen, ich nahm zu dem alles beschwichtigenden Golde meine Zuflucht, – auch das hatte seine Macht verloren – er warfs mir vor die Füße: »von einem Schattenlosen nehme ich nichts an.« Er kehrte mir den Rücken und ging, den Hut auf dem Kopf, ein Liedchen pfeifend, langsam aus dem Zimmer. Ich stand mit Bendel da wie versteint, gedanken- und regungslos ihm nachsehend.

Schwer aufseufzend und den Tod im Herzen, schickt ich mich endlich an, mein Wort zu lösen, und, wie ein Verbrecher vor seinen Richtern, in dem Förstergarten zu erscheinen. Ich stieg in der dunklen Laube ab, welche nach mir benannt war, und wo sie mich auch diesmal erwarten mußten.

« Comment un valet peut-il, vis-à-vis de son maître ?... »

Il m'interrompit :

« Un valet peut être fort honnête homme, et ne pas vouloir servir un maître qui n'a pas d'ombre. Donnez-moi mon congé. »

Il fallait changer de ton :

« Mais, Rascal, mon cher Rascal, qui t'a pu donner cette malheureuse idée ? Comment peux-tu croire ?... »

Il continua comme il avait commencé :

« Il y a des gens qui prétendent que vous n'avez point d'ombre, et, en un mot, vous me montrerez votre ombre, ou vous me donnerez mon congé. »

Bendel, pâle et tremblant, mais avec une présence d'esprit que je n'avais plus, me fit un signe, et j'eus recours à la puissance de mon or : il avait perdu sa vertu. Rascal jeta à mes pieds celui que je lui offris : « Je n'accepte rien d'un homme sans ombre. » Il me tourna le dos, enfonça son chapeau sur sa tête, et sortit lentement, en sifflant son air favori. Bendel et moi nous restâmes pétrifiés, et le regardâmes sortir, stupéfaits et immobiles.

Enfin, la mort dans le cœur, je me préparai à dégager ma parole et à paraître, dans le jardin de l'inspecteur, comme un criminel devant ses juges. Je descendis sous l'épais berceau de verdure, auquel on avait donné mon nom, et où l'on devait m'attendre.

Die Mutter kam mir sorgenfrei und freudig entgegen.
Mina saß da, bleich und schön, wie der erste Schnee,
der manchmal im Herbste die letzten Blumen küßt, und
gleich in bittres Wasser zerfließen wird. Der Forstmeister,
ein geschriebenes Blatt in der Hand, ging heftig auf und
ab, und schien vieles in sich zu unterdrücken, was, mit
fliegender Röte und Blässe wechselnd, sich auf seinem
sonst unbeweglichen Gesichte malte. Er kam auf mich zu,
als ich hereintrat, und verlangte mit oft unterbrochenen
Worten, mich allein zu sprechen. Der Gang, auf den er
mich, ihm zu folgen, einlud, führte nach einem freien,
besonnten Teile des Gartens – ich ließ mich stumm auf
einen Sitz nieder, und es erfolgte ein langes Schweigen,
das selbst die gute Mutter nicht zu unterbrechen wagte.

Der Forstmeister stürmte immer noch ungleichen
Schrittes die Laube auf und ab, er stand mit einem Mal
vor mir still, blickte ins Papier, das er hielt, und fragte
mich mit prüfendem Blick:

»Sollte Ihnen, Herr Graf, ein gewisser Peter Schlemihl
wirklich nicht unbekannt sein?«

Ich schwieg – »ein Mann von vorzüglichem Charakter
und von besonderen Gaben –«

Er erwartete eine Antwort.

»Und wenn ich selber der Mann wäre?«

»Dem«, fügte er heftig hinzu, »sein Schatten abhanden
gekommen ist!!« –

Ce jour-là, la mère vint à moi, le front serein et le cœur plein d'espérance. Mina était assise, belle et pâle comme la neige légère qui vient quelquefois, en automne, surprendre les dernières fleurs. L'inspecteur, une feuille de papier écrite à la main, se promenait à grands pas ; il semblait se contraindre avec effort ; la rougeur et la pâleur se succédaient sur son visage et sa physionomie, d'ailleurs peu mobile, trahissait l'agitation de son âme. Il vint à moi, et s'interrompant à diverses reprises, me témoigna le désir de m'entretenir en particulier. L'allée dans laquelle il m'invitait à le suivre conduisait à une plate-forme ouverte et éclairée par le soleil. Je me laissai tomber, sans lui répondre, sur un siège qui se trouvait là, et il se fit un long silence.

L'inspecteur, cependant, continuait à parcourir le bosquet à pas inégaux et précipités. S'arrêtant enfin devant moi, il regarda encore le papier qu'il tenait à la main ; puis, me fixant d'un regard perçant, il m'adressa cette question :

« Serait-il vrai, Monsieur le comte, qu'un certain Peter Schlemihl ne vous fût pas inconnu ? »

Je gardai le silence, et il continua :

« Un homme d'un caractère distingué, de vertus singulières ?… »

Il attendait une réponse.

— Eh bien ! lui dis-je, si c'était moi ?

— Un homme, s'écria-t-il, qui a perdu son ombre !

»O meine Ahnung, meine Ahnung!« rief Mina aus, »ja, ich weiß es längst, er hat keinen Schatten!«

Und sie warf sich in die Arme der Mutter, welche erschreckt, sie krampfhaft an sich schließend, ihr Vorwürfe machte, daß sie zum Unheil solch ein Geheimnis in sich verschlossen. Sie aber war, wie Arethusa, in einen Tränenquell gewandelt, der beim Klang meiner Stimme häufiger floß, und bei meinem Nahen stürmisch aufbrauste.

»Und Sie haben«, hub der Forstmeister grimmig wieder an, »und Sie haben mit unerhörter Frechheit diese und mich zu betrügen keinen Anstand genommen; und Sie geben vor, sie zu lieben, die Sie so weit heruntergebracht haben? Sehen Sie, wie sie da weint und ringt. O schrecklich! schrecklich!«

Ich hatte dergestalt alle Besinnung verloren, daß ich, wie irre redend, anfing: Es wäre doch am Ende ein Schatten, nichts als ein Schatten, man könne auch ohne das fertig werden, und es wäre nicht der Mühe wert, solchen Lärm davon zu erheben. Aber ich fühlte so sehr den Ungrund von dem, was ich sprach, daß ich von selbst aufhörte, ohne daß er mich einer Antwort gewürdigt. Ich fügte noch hinzu: was man einmal verloren, könne man ein andermal wieder finden.

Er fuhr mich zornig an.

»Gestehen Sie mirs, mein Herr, gestehen Sie mirs, wie sind Sie um Ihren Schatten gekommen?«

— Ô mes funestes pressentiments ! s'écria Mina ; oui ! je le sais depuis longtemps, il n'a point d'ombre.

À ces mots elle se jeta dans les bras de sa mère, qui, pleine d'effroi, la serra contre son sein, lui reprochant d'avoir pu taire cet horrible mystère. Elle était, comme Aréthuse, changée en une fontaine de larmes, qui redoublaient au son de ma voix, accompagnées de sanglots convulsifs.

« Et vous avez eu l'impudence, reprit le forestier furieux, de tromper, ainsi que moi, celle que vous prétendiez aimer, celle que vous avez perdue ! Voyez-la, contemplez votre ouvrage, malheureux que vous êtes ! »

J'étais tellement troublé, que mes premières paroles ressemblèrent à celles d'un homme en délire. Je balbutiai qu'une ombre n'était à la fin qu'une ombre ; qu'on pouvait s'en passer, et que ce n'était pas la peine de faire tant de bruit pour si peu de chose ; mais je sentais parfaitement moi-même le peu de fondement et le ridicule de ce que je disais, et je cessai de parler sans qu'il eût daigné m'interrompre. « Oui, j'ai perdu mon ombre, ajoutai-je alors, mais je puis la retrouver. »

Il m'interpella d'un ton menaçant :

« Dites-le-moi, Monsieur, comment avez-vous perdu votre ombre ? »

Ich mußte wieder lügen:

»Es trat mir dereinst ein ungeschlachter Mann so flämisch in meinen Schatten, daß er ein großes Loch darein riß – ich habe ihn nur zum Ausbessern gegeben, denn Gold vermag viel, ich habe ihn schon gestern wieder bekommen sollen.«

»Wohl, mein Herr, ganz wohl!« erwiderte der Forstmeister, »Sie werben um meine Tochter, das tun auch andere, ich habe als ein Vater für sie zu sorgen, ich gebe Ihnen drei Tage Frist, binnen welcher Sie sich nach einem Schatten umtun mögen; erscheinen Sie binnen drei Tagen vor mir mit einem wohlangepaßten Schatten, so sollen Sie mir willkommen sein: am vierten Tage aber – das sag ich Ihnen – ist meine Tochter die Frau eines andern.«

Ich wollte noch versuchen, ein Wort an Mina zu richten, aber sie schloß sich, heftiger schluchzend, fester an ihre Mutter, und diese winkte mir stillschweigend, mich zu entfernen. Ich schwankte hinweg, und mir wars, als schlösse sich hinter mir die Welt zu.

Der liebevollen Aufsicht Bendels entsprungen, durchschweifte ich in irrem Lauf Wälder und Fluren. Angstschweiß troff von meiner Stirne, ein dumpfes Stöhnen entrang sich meiner Brust, in mir tobte Wahnsinn.

Il me fallut de nouveau mentir.

— Un jour, lui dis-je, un malotru marcha dessus si lourdement, qu'il y fit un grand trou ; je l'ai donnée à raccommoder, car que ne fait-on pas pour de l'argent ! on devait me la rapporter hier.

— Fort bien. Monsieur, reprit l'inspecteur des forêts, vous recherchez la main de ma fille ; d'autres y aspirent comme vous ; c'est à moi, en qualité de père, à décider de son sort. Je vous donne trois jours pour chercher une ombre ; si d'ici à trois jours vous vous présentez devant moi avec une ombre qui vous aille bien, vous serez le bien-venu ; mais, je vous le déclare, le quatrième ma fille sera l'épouse d'un autre.

Je voulus essayer d'adresser encore quelques paroles à Mina, mais elle se cacha en sanglotant dans le sein de sa mère, et celle-ci, me repoussant du geste, me commanda de m'éloigner. Je sortis en chancelant du jardin, et il me sembla que le paradis se fermait derrière moi, et que j'étais poursuivi par l'épée flamboyante de l'ange des vengeances.

Échappé à la vigilance de Bendel, je me jetai dans la campagne, et parcourus au hasard les bruyères et les bois. Une sueur froide découlait de mon front ; de sourds gémissements sortaient du fond de ma poitrine ; un affreux délire m'agitait.

Ich weiß nicht, wie lange es so gedauert haben mochte, als ich mich auf einer sonnigen Heide beim Ärmel anhalten fühlte. – Ich stand still und sah mich um – – es war der Mann im grauen Rock, der sich nach mir außer Atem gelaufen zu haben schien. Er nahm sogleich das Wort:

»Ich hatte mich auf den heutigen Tag angemeldet, Sie haben die Zeit nicht erwarten können. Es steht aber alles noch gut, Sie nehmen Rat an, tauschen Ihren Schatten wieder ein, der Ihnen zu Gebote steht, und kehren sogleich wieder um. Sie sollen in dem Förstergarten willkommen sein, und alles ist nur ein Scherz gewesen; den Rascal, der Sie verraten hat und um Ihre Braut wirbt, nehm ich auf mich, der Kerl ist reif.«

Ich stand noch wie im Schlafe da. – »Auf den heutigen Tag angemeldet –?« ich überdachte noch einmal die Zeit – er hatte recht, ich hatte mich stets um einen Tag verrechnet. Ich suchte mit der rechten Hand nach dem Seckel auf meiner Brust, – er erriet meine Meinung, und trat zwei Schritte zurück.

»Nein, Herr Graf, der ist in zu guten Händen, den behalten Sie.«

Ich sah ihn mit stieren Augen, verwundert fragend an, er fuhr fort:

»Ich erbitte mir bloß eine Kleinigkeit zum Andenken, Sie sind nur so gut, und unterschreiben mir den Zettel da.«

Auf dem Pergament standen die Worte:

J'ignore combien de temps pouvait s'être écoulé, lorsque, sur la pente d'une colline, éclairée des rayons du soleil, je me sentis arrêter par la basque de mon habit. Je me retournai, c'était l'homme en habit gris, qui paraissait m'avoir poursuivi à perte d'haleine. Il prit sur le champ la parole.

« Je vous avais annoncé mon retour pour aujourd'hui ; mais vous n'avez pas eu la patience de m'attendre ; c'est égal, rien n'est encore perdu. Vous suivrez mon conseil, vous rachèterez votre ombre que je vous rapporte, et retournerez sur-le-champ sur vos pas ; vous serez le bien-venu dans le jardin de l'inspecteur, et tout ce qui s'est passé n'aura été qu'une espièglerie. Quant à Rascal, qui vous a trahi et qui vous supplante auprès de votre maîtresse, j'en fais mon affaire : le scélérat est mûr. »

Je crus rêver : « annoncé son retour pour aujourd'hui. » J'y réfléchis de nouveau. Il avait raison : je m'étais constamment trompé d'un jour dans mon calcul. Ma main cherchait la bourse dans mon sein. L'homme en habit gris devina ma pensée, et reculant de deux pas :

« Non, Monsieur le comte, me dit-il, elle est en de trop bonnes mains ; conservez-la. »

Je l'interrogeais d'un regard fixe et étonné ; il poursuivit :

« Je ne demande qu'une légère marque de votre souvenir ; vous voudrez bien me signer ce billet. »

Le parchemin contenait ces mots :

»Kraft dieser meiner Unterschrift vermache ich dem Inhaber dieses meine Seele nach ihrer natürlichen Trennung von meinem Leibe.«

Ich sah mit stummem Staunen die Schrift und den grauen Unbekannten abwechselnd an. – Er hatte unterdessen mit einer neu geschnittenen Feder einen Tropfen Bluts aufgefangen, der mir aus einem frischen Dornenriß auf die Hand floß, und hielt sie mir hin.

»Wer sind Sie denn?« frug ich ihn endlich.

»Was tuts«, gab er mir zur Antwort, »und sieht man es mir nicht an? Ein armer Teufel, gleichsam so eine Art von Gelehrten und Physikus, der von seinen Freunden für vortreffliche Künste schlechten Dank erntet, und für sich selber auf Erden keinen andern Spaß hat, als sein bißchen Experimentieren – aber unterschreiben Sie doch. Rechts, da unten: Peter Schlemihl.«

Ich schüttelte mit dem Kopf und sagte:

»Verzeihen Sie, mein Herr, das unterschreibe ich nicht.«

»Nicht?« wiederholte er verwundert, »und warum nicht?«

»Es scheint mir doch gewissermaßen bedenklich, meine Seele an meinen Schatten zu setzen.«

Je soussigné lègue au porteur du présent mon âme après sa séparation naturelle de mon corps.

Muet d'étonnement, je considérais tour-à-tour et le billet et l'inconnu. Il avait cependant recueilli sur ma main, avec le bec d'une plume nouvellement taillée, une goutte de sang qui coulait des blessures que les épines m'avaient faites, et il me la présentait.

« Qui donc êtes-vous ? lui dis-je à la fin.

— Que vous importe ? me répondit-il, et d'ailleurs ne le voyez-vous pas ? Je suis un pauvre diable, une espèce de savant, de physicien, qui, pour prix de tout le mal qu'il se donne à servir ses amis, n'est payé par eux que d'ingratitude, et n'a d'autre amusement dans ce monde que celui qu'il prend à ses expériences. Mais, signez donc ! là, au bas de l'écriture, *Peter Schlemihl.* »

Je secouai la tête, et lui dis :

— Pardonnez-moi, Monsieur, je ne signerai pas.

— Vous ne signerez pas ! reprit-il avec l'expression de la surprise. Et pourquoi pas ?

— Mais, lui dis-je, il me semble que c'est une chose qui mérite au moins réflexion : racheter mon ombre au prix de mon âme !

»So, so!« wiederholte er, »bedenklich«, und er brach
in ein lautes Gelächter gegen mich aus. »Und, wenn ich
fragen darf, was ist denn das für ein Ding, Ihre Seele?
haben Sie es je gesehen, und was denken Sie damit
anzufangen, wenn Sie einst tot sind? Seien Sie doch froh,
einen Liebhaber zu finden, der Ihnen bei Lebenszeit noch
den Nachlaß dieses X, dieser galvanischen Kraft oder
polarisierenden Wirksamkeit, und was alles das närrische
Ding sein soll, mit etwas Wirklichem bezahlen will,
nämlich mit Ihrem leibhaftigen Schatten, durch den Sie
zu der Hand Ihrer Geliebten und zu der Erfüllung aller
Ihrer Wünsche gelangen können. Wollen Sie lieber selbst
das arme junge Blut dem niederträchtigen Schurken,
dem Rascal, zustoßen und ausliefern? – Nein, das müssen
Sie doch mit eigenen Augen ansehen; kommen Sie, ich
leihe Ihnen die Tarnkappe hier«, (er zog etwas aus der
Tasche) »und wir wallfahrten ungesehen nach dem
Förstergarten.«

Ich muß gestehen, daß ich mich überaus schämte,
von diesem Manne ausgelacht zu werden. Er war mir
von Herzensgrunde verhaßt, und ich glaube, daß mich
dieser persönliche Widerwille mehr als Grundsätze oder
Vorurteile abhielt, meinen Schatten, so notwendig er mir
auch war, mit der begehrten Unterschrift zu erkaufen.
Auch war mir der Gedanke unerträglich, den Gang, den
er mir antrug, in seiner Gesellschaft zu unternehmen.

— Ah ! ah ! reprit-il, en partant d'un grand éclat de rire, une chose qui mérite réflexion ! Mais, oserai-je vous demander, Monsieur, ce que c'est que votre âme ? l'avez-vous jamais vue ? et que comptez-vous en faire quand vous serez mort ? Estimez-vous heureux de trouver un amateur qui, de votre vivant, mette au legs de cet X algébrique, de cette force galvanique ou de polarisation, de cette *entéléchie*, de cette sotte chose, quelle qu'elle soit, un prix très réel, le prix de votre ombre, auquel sont attachés la possession de votre maîtresse et l'accomplissement de tous vos vœux ; ou voulez-vous plutôt la livrer vous-même, la pauvre Mina, aux griffes de cet infâme Rascal ? Venez, je veux vous le faire voir de vos propres yeux ; je vous prêterai ce bonnet de nuage (il tirait quelque chose de sa poche), et nous irons, sans qu'on nous voie, faire un tour au jardin de l'inspecteur.

Je l'avouerai, j'étais humilié d'entendre cet homme rire à mes dépens ; il m'était odieux, je le haïssais de tout mon cœur, et je crois que cette antipathie naturelle contribua plus que mes principes ou mes préjugés à me faire refuser la signature qu'il me demandait pour prix de mon ombre, quelque nécessaire qu'elle me fût en ce moment. Rien au monde n'aurait pu m'engager à faire dans sa compagnie le pèlerinage qu'il me proposait ;

Diesen häßlichen Schleicher, diesen hohnlächelnden Kobold, zwischen mich und meine Geliebte, zwei blutig zerrissene Herzen, spöttisch hintreten zu sehen, empörte mein innigstes Gefühl. Ich nahm, was geschehen war, als verhängt an, mein Elend als unabwendbar, und mich zu dem Manne kehrend, sagte ich ihm:

»Mein Herr, ich habe Ihnen meinen Schatten für diesen an sich sehr vorzüglichen Seckel verkauft, und es hat mich genug gereut. Kann der Handel zurückgehen, in Gottes Namen!«

Er schüttelte mit dem Kopf und zog ein sehr finsteres Gesicht. Ich fuhr fort:

»So will ich Ihnen auch weiter nichts von meiner Habe verkaufen, sei es auch um den angebotenen Preis meines Schattens, und unterschreibe also nichts. Daraus läßt sich auch abnehmen, daß die Verkappung, zu der Sie mich einladen, ungleich belustigender für Sie als für mich ausfallen müßte; halten Sie mich also für entschuldigt, und da es einmal nicht anders ist, – laßt uns scheiden!«

»Es ist mir leid, Monsieur Schlemihl, daß Sie eigensinnig das Geschäft von der Hand weisen, das ich Ihnen freundschaftlich anbot. Indessen, vielleicht bin ich ein andermal glücklicher. Auf baldiges Wiedersehen! – A propos, erlauben Sie mir noch, Ihnen zu zeigen, daß ich die Sachen, die ich kaufe, keineswegs verschimmeln lasse, sondern in Ehren halte, und daß sie bei mir gut aufgehoben sind.«

voir entre moi et mon amie, entre nos cœurs déchirés, ce hideux rieur aux écoutes, et endurer ses moqueries ; cette idée me révoltait, elle bouleversait tous mes sens ; je considérai les événements passés comme une destinée irrévocable, et ma misère comme consommée. Je repris la parole et lui dis :

« Monsieur, je vous ai vendu mon ombre pour cette bourse merveilleuse, et je m'en suis assez repenti ; voulez-vous revenir sur le marché, au nom de Dieu ! »

Il secoua la tête, et une hideuse grimace donna à ses traits l'expression la plus sinistre. Je poursuivis :

— Eh bien, je ne vous vendrai plus rien qui m'appartienne, même au prix de mon ombre, et je ne signerai pas. Vous concevrez donc, Monsieur, que le déguisement auquel vous m'invitez serait beaucoup plus divertissant pour vous que pour moi. Vous recevrez mes excuses, et les choses en étant là, séparons-nous.

— Je suis vraiment fâché, Monsieur Schlemihl, que vous vous entêtiez sottement à refuser un marché que je vous proposais en ami ; mais je serai peut-être plus heureux une autre fois ; au revoir. — À propos, il faut que je vous montre encore que je ne laisse pas dépérir les choses que j'achète, mais que j'en prends soin, que je m'en fais honneur, et qu'elles ne sauraient être mieux qu'entre mes mains.

Er zog sogleich meinen Schatten aus seiner Tasche, und ihn mit einem geschickten Wurf auf der Heide entfaltend, breitete er ihn auf der Sonnenseite zu seinen Füßen aus, so, daß er zwischen den beiden ihm aufwartenden Schatten, dem meinen und dem seinen, daher ging, denn meiner mußte ihm gleichfalls gehorchen und nach allen seinen Bewegungen sich richten und bequemen.

Als ich nach so langer Zeit einmal meinen armen Schatten wieder sah, und ihn zu solchem schnöden Dienst herabgewürdigt fand, eben als ich um seinetwillen in so namenloser Not war, da brach mir das Herz, und ich fing bitterlich zu weinen an. Der Verhaßte stolzierte mit dem mir abgesagten Raub, und erneuerte unverschämt seinen Antrag:

»Noch ist er für Sie zu haben, ein Federzug, und Sie retten damit die arme unglückliche Mina aus des Schuftes Klauen in des hochgeehrten Herrn Grafen Arme – wie gesagt, nur ein Federzug.«

Meine Tränen brachen mit erneuter Kraft hervor, aber ich wandte mich weg, und winkte ihm, sich zu entfernen.

Bendel, der voller Sorgen meine Spuren bis hieher verfolgt hatte, traf in diesem Augenblick ein. Als mich die treue, fromme Seele weinend fand, und meinen Schatten, denn er war nicht zu verkennen, in der Gewalt des wunderlichen grauen Unbekannten sah, beschloß er gleich, sei es auch mit Gewalt, mich in den Besitz meines Eigentums wieder herzustellen,

À ces mots il tira mon ombre de sa poche, et la jetant à ses pieds du côté du soleil, en la déroulant avec dextérité, il se trouva avoir deux ombres à sa suite, car la mienne obéissait, comme la sienne, à tous ses mouvements.

Quand après un temps si long je revis enfin ma malheureuse ombre, et la retrouvai dans cet odieux servage, alors que son absence venait de me jeter dans une telle détresse, je sentis mon cœur se briser, et des torrents de larmes amères s'échappèrent de mes yeux. Cependant, l'odieux homme gris, souriant avec orgueil à sa conquête, et la promenant devant mes yeux, osa me renouveler impudemment sa proposition :

« Il tient encore à vous, allons, un trait de plume, Monsieur, et vous sauverez cette pauvre Mina d'entre les griffes d'un vil scélérat, pour la presser avec amour sur votre sein. Allons, comte, un trait de plume ! »

À ces mots mes larmes redoublèrent, mais je détournai mon visage, et lui fis signe de s'éloigner.

Bendel cependant, qui, plein d'inquiétude, avait suivi jusqu'ici mes traces, arriva en cet instant. Cet excellent serviteur, me trouvant en larmes, et voyant mon ombre, qu'il lui était impossible de méconnaître, au pouvoir de cet étrange individu, résolut sur-le-champ de me faire rendre mon bien, dût-il avoir recours à la violence. Il s'adressa d'abord au possesseur, et lui ordonna, sans plus de discours, de me restituer ce qui m'appartenait.

und da er selbst mit dem zarten Dinge nicht umzugehen verstand, griff er gleich den Mann mit Worten an, und ohne vieles Fragen, gebot er ihm stracks, mir das Meine unverzüglich verabfolgen zu lassen. Dieser, statt aller Antwort, kehrte dem unschuldigen Burschen den Rücken und ging. Bendel aber erhob den Kreuzdornknüttel, den er trug, und, ihm auf den Fersen folgend, ließ er ihn schonungslos unter wiederholtem Befehl, den Schatten herzugeben, die volle Kraft seines nervichten Armes fühlen. Jener, als sei er solcher Behandlung gewohnt, bückte den Kopf, wölbte die Schultern, und zog stillschweigend ruhigen Schrittes seinen Weg über die Heide weiter, mir meinen Schatten zugleich und meinen treuen Diener entführend. Ich hörte lange noch den dumpfen Schall durch die Einöde dröhnen, bis er sich endlich in der Entfernung verlor. Einsam war ich wie vorher mit meinem Unglück. ◆

Celui-ci, sans daigner lui répondre, tourna le dos et s'éloigna. Mais Bendel, le suivant de près, et levant sur lui le gourdin d'épine qu'il portait, lui réitéra l'ordre de remettre mon ombre en liberté, et, comme il n'en tenait compte, il finit par lui faire sentir la vigueur de son bras. L'homme en habit gris, comme s'il eût été accoutumé à un tel traitement, baissa la tête, courba le dos, et, sans mot dire, continua paisiblement son chemin sur le penchant de la colline, m'enlevant à la fois et mon ombre et mon ami. J'entendis encore longtemps un bruit sourd résonner dans le lointain. Je restai, comme auparavant, seul avec ma douleur. ∎

VI

Allein zurückgeblieben auf der öden Heide, ließ ich unendlichen Tränen freien Lauf, mein armes Herz von namenloser banger Last erleichternd. Aber ich sah meinem überschwenglichen Elend keine Grenzen, keinen Ausgang, kein Ziel, und ich sog besonders mit grimmigem Durst an dem neuen Gifte, das der Unbekannte in meine Wunden gegossen. Als ich Minas Bild vor meine Seele rief, und die geliebte, süße Gestalt bleich und in Tränen mir erschien, wie ich sie zuletzt in meiner Schmach gesehen, da trat frech und höhnend Rascals Schemen zwischen sie und mich, ich verhüllte mein Gesicht und floh durch die Einöde, aber die scheußliche Erscheinung gab mich nicht frei, sondern verfolgte mich im Laufe, bis ich atemlos an den Boden sank, und die Erde mit erneuertem Tränenquell befeuchtete.

Und alles um einen Schatten! Und diesen Schatten hätte mir ein Federzug wieder erworben. Ich überdachte den befremdenden Antrag und meine Weigerung. Es war wüst in mir, ich hatte weder Urteil noch Fassungsvermögen mehr.

VI

Je donnai un libre cours à mes larmes. Elles soulagèrent enfin mon cœur du poids insupportable qui l'oppressait. Cependant je ne voyais aucun terme à ma misère, et je me nourrissais, avec une sorte de fureur, du nouveau poison que l'inconnu venait de verser dans mes blessures. Mon âme appelait à grands cris l'image de Mina, cette image douce et chérie. Elle m'apparaissait pâle, éplorée, telle que je l'avais vue pour la dernière fois au jour de mon ignominie. Alors s'élevait effrontément entre nous le fantôme moqueur de Rascal. Je couvrais mon visage de mes mains ; je fuyais à travers les bruyères ; mais l'effroyable vision s'attachait à mes pas et me poursuivait sans relâche. Hors d'haleine, je tombai enfin sur la terre, où je me roulai avec le délire d'un insensé.

Et tant de maux pour une ombre ! pour une ombre, qu'un seul trait de plume m'aurait rendue ! Quand je songeais à l'étrange proposition de l'inconnu et à mon refus obstiné, je ne trouvais que chaos dans mon esprit ; je n'avais plus la faculté de comparer ni de juger.

Der Tag verging. Ich stillte meinen Hunger mit wilden Früchten, meinen Durst im nächsten Bergstrom; die Nacht brach ein, ich lagerte mich unter einem Baum. Der feuchte Morgen weckte mich aus einem schweren Schlaf, in dem ich mich selber wie im Tode röcheln hörte. Bendel mußte meine Spur verloren haben, und es freute mich, es zu denken. Ich wollte nicht unter die Menschen zurückkehren, vor welchen ich schreckhaft floh, wie das scheue Wild des Gebirges. So verlebte ich drei bange Tage.

Ich befand mich am Morgen des vierten auf einer sandigen Ebene, welche die Sonne beschien, und saß auf Felsentrümmern in ihrem Strahl, denn ich liebte jetzt, ihren lang entbehrten Anblick zu genießen. Ich nährte still mein Herz mit seiner Verzweiflung. Da schreckte mich ein leises Geräusch auf, ich warf, zur Flucht bereit, den Blick um mich her, ich sah niemand: aber es kam auf dem sonnigen Sande an mir vorbei geglitten ein Menschenschatten, dem meinigen nicht unähnlich, welcher, allein daher wandelnd, von seinem Herrn abgekommen zu sein schien.

Da erwachte in mir ein mächtiger Trieb: Schatten, dacht ich, suchst du deinen Herrn? der will ich sein. Und ich sprang hinzu, mich seiner zu bemächtigen; ich dachte nämlich, daß, wenn es mir glückte, in seine Spur zu treten, so, daß er mir an die Füße käme, er wohl daran hängen bleiben würde, und sich mit der Zeit an mich gewöhnen.

Le jour s'écoula. J'apaisai ma faim avec des fruits sauvages, ma soif dans un torrent de la montagne. La nuit arriva, je la passai au pied d'un arbre. La fraîcheur du matin me réveilla d'un sommeil pénible, épouvanté par les sons convulsifs qui s'échappaient de mon gosier, comme le râle de la mort. Bendel paraissait avoir perdu mes traces, et j'aimais à me le redire. Farouche comme le cerf des montagnes, je ne voulais plus retourner parmi les hommes, dont je fuyais l'aspect. Ainsi se passèrent trois jours d'angoisse.

J'étais au matin du quatrième, dans une plaine sablonneuse que le soleil inondait de ses rayons. Étendu sur quelques débris de roche, j'éprouvais un certain charme dans la sensation de la chaleur de l'astre du jour, car aujourd'hui je recherchais son aspect, dont je m'étais privé si longtemps. Je nourrissais mon cœur de son désespoir. Tout-à-coup, un bruit léger vint frapper mon oreille ; et, prêt à fuir, je jetai les yeux autour de moi. Je n'aperçus personne. Cependant, une ombre qui ressemblait assez à la mienne glissait devant moi sur le sable, et semblait, allant ainsi seule, avoir perdu celui à qui elle appartenait.

Cette vue éveilla toute ma cupidité : « Ombre ! m'écriai-je, si tu cherches ton maître, je veux t'en servir. » Et je m'élançai vers elle pour m'en emparer, car je pensais que si je réussissais à marcher dans ses traces, de façon à ce qu'elle vînt juste à mes pieds, elle y resterait sans doute attachée, et pourrait, avec le temps, finir par s'accoutumer à moi.

Der Schatten, auf meine Bewegung, nahm vor mir die Flucht, und ich mußte auf den leichten Flüchtling eine angestrengte Jagd beginnen, zu der mich allein der Gedanke, mich aus der furchtbaren Lage, in der ich war, zu retten, mit hinreichenden Kräften ausrüsten konnte. Er floh einem freilich noch entfernten Walde zu, in dessen Schatten ich ihn notwendig hätte verlieren müssen, – ich sahs, ein Schreck durchzuckte mir das Herz, fachte meine Begierde an, beflügelte meinen Lauf – ich gewann sichtbarlich auf den Schatten, ich kam ihm nach und nach näher, ich mußte ihn erreichen. Nun hielt er plötzlich an und kehrte sich nach mir um. Wie der Löwe auf seine Beute, so schoß ich mit einem gewaltigen Sprunge hinzu, um ihn in Besitz zu nehmen – und traf unerwartet und hart auf körperlichen Widerstand. Es wurden mir unsichtbar die unerhörtesten Rippenstöße erteilt, die wohl je ein Mensch gefühlt hat.

Die Wirkung des Schreckens war in mir, die Arme krampfhaft zuzuschlagen und fest zu drücken, was ungesehen vor mir stand. Ich stürzte in der schnellen Handlung vorwärts gestreckt auf den Boden; rückwärts aber unter mir ein Mensch, den ich umfaßt hielt, und der jetzt erst sichtbar erschien.

Nun ward mir auch das ganze Ereignis sehr natürlich erklärbar. Der Mann mußte das unsichtbare Vogelnest, welches den, der es hält, nicht aber seinen Schatten, unsichtbar macht, erst getragen und jetzt weggeworfen haben.

L'ombre, à ce brusque mouvement, prit la fuite devant moi, et je la poursuivis. La chasse que je donnais à cette proie légère exigeait une vitesse et des forces que je ne pus trouver que dans l'espoir de finir en un instant tous mes maux. L'ombre fuyait vers une forêt qui était encore éloignée, mais dans l'épaisseur de laquelle j'allais la perdre ; je le sentais, et l'effroi qui me saisit à cette idée redoubla mon ardeur. Je gagnais visiblement du terrain ; je m'approchais d'elle, j'allais l'atteindre. Tout-à-coup elle s'arrête et se retourne vers moi. Comme un lion qui se précipite sur sa proie, je m'élance pour en prendre possession, et je heurte inopinément un obstacle solide contre lequel s'abat mon essor. Alors me furent portés dans les flancs, et par un bras invisible, les plus terribles coups que jamais peut-être un homme ait reçus.

L'effet que produisit en moi la frayeur fut de me faire embrasser convulsivement l'objet inaperçu qui se trouvait devant moi. Dans cette action subite je tombai en avant, et alors un homme que je tenais embrassé, et qui était tombé sous moi à la renverse, m'apparut soudain.

Ce qui venait de se passer s'expliquait donc tout naturellement. Il fallait que cet homme eût été porteur du fameux nid d'oiseaux, dont la vertu communique l'invisibilité, sans empêcher, comme on sait, celui qui le possède de porter une ombre ; il fallait encore que ce nid lui fût échappé dans sa chute.

Ich spähete mit dem Blick umher, entdeckte gar bald den Schatten des unsichtbaren Nestes selbst, sprang auf und hinzu, und verfehlte nicht den teuern Raub. Ich hielt unsichtbar, schattenlos das Nest in Händen.

Der schnell sich aufrichtende Mann, sich sogleich nach seinem beglückten Bezwinger umsehend, erblickte auf der weiten sonnigen Ebene weder ihn, noch dessen Schatten, nach dem er besonders ängstlich umher lauschte. Denn daß ich an und für mich schattenlos war, hatte er vorher nicht Muße gehabt zu bemerken, und konnte es nicht vermuten. Als er sich überzeugt, daß jede Spur verschwunden, kehrte er in der höchsten Verzweiflung die Hand gegen sich selber und raufte sich das Haar aus. Mir aber gab der errungene Schatz die Möglichkeit und die Begierde zugleich, mich wieder unter die Menschen zu mischen. Es fehlte mir nicht an Vorwand gegen mich selber, meinen schnöden Raub zu beschönigen, oder vielmehr, ich bedurfte solches nicht, und jedem Gedanken der Art zu entweichen eilte ich hinweg, nach dem Unglücklichen nicht zurückschauend, dessen ängstliche Stimme ich mir noch lange nachschallen hörte. So wenigstens kamen mir damals alle Umstände dieses Ereignisses vor.

Ich brannte nach dem Förstergarten zu gehen, und durch mich selbst die Wahrheit dessen zu erkennen, was mir jener Verhaßte verkündigt hatte; ich wußte aber nicht, wo ich war, ich bestieg,

Je jetai donc les yeux autour de moi, et cherchai avidement sur l'arène éclairée l'ombre du nid invisible ; je l'aperçus, m'élançai et saisis, sans le manquer, le nid lui-même. J'étais invisible avec ce trésor, et l'ombre dont j'étais privé ne pouvait me trahir.

Mon adversaire, s'étant aussitôt relevé, cherchait des yeux son heureux vainqueur, mais il ne découvrit sur la plaine éclairée ni lui, ni son ombre, dont il paraissait surtout s'enquérir, car il n'avait pas eu sans doute, avant notre rencontre, le loisir de remarquer que je fusse sans ombre. Lorsqu'il se fut assuré que toute trace du ravisseur avait disparu, il porta ses mains sur lui-même avec le plus violent désespoir, et se mit à s'arracher les cheveux. Cependant ma précieuse conquête, en me donnant un moyen de me replonger dans le tourbillon du monde, m'en inspirait le désir. Je ne manquais pas de prétextes pour colorer à mes propres yeux l'énormité de mon action, mais plutôt je n'en cherchai aucun ; et, pour me soustraire à tout remords, je m'éloignai sans regarder en arrière, et sans prêter l'oreille à l'infortuné, dont la voix lamentable me poursuivit longtemps encore. Telles furent, telles me parurent du moins alors, toutes les circonstances de cet événement.

Je brûlais du désir de me rendre au jardin de l'inspecteur, et de vérifier par moi-même les rapports de l'odieux inconnu. Je ne savais où j'étais ;

um mich in der Gegend umzuschauen, den nächsten
Hügel, ich sah von seinem Gipfel das nahe Städtchen
und den Förstergarten zu meinen Füßen liegen. – Heftig
klopfte mir das Herz, und Tränen einer andern Art, als
die ich bis dahin vergossen, traten mir in die Augen: ich
sollte sie wiedersehen. – Bange Sehnsucht beschleunigte
meine Schritte auf dem richtigsten Pfad hinab. Ich kam
ungesehen an einigen Bauern vorbei, die aus der Stadt
kamen. Sie sprachen von mir, Rascaln und dem Förster;
ich wollte nichts anhören, ich eilte vorüber.

Ich trat in den Garten, alle Schauer der Erwartung
in der Brust – mir schallte es wie ein Lachen entgegen,
mich schauderte, ich warf einen schnellen Blick um
mich her; ich konnte niemanden entdecken. Ich schritt
weiter vor, mir wars, als vernähme ich neben mir ein
Geräusch wie von Menschentritten; es war aber nichts
zu sehen: ich dachte mich von meinem Ohre getäuscht.
Es war noch früh, niemand in Graf Peters Laube, noch
leer der Garten; ich durchschweifte die bekannten
Gänge, ich drang bis nach dem Wohnhause vor. Dasselbe
Geräusch verfolgte mich vernehmlicher. Ich setzte mich
mit angstvollem Herzen auf eine Bank, die im sonnigen
Raume der Haustür gegenüber stand. Es ward mir, als
hörte ich den ungesehenen Kobold sich hohnlachend
neben mich setzen. Der Schlüssel ward in der Tür gedreht,
sie ging auf, der Forstmeister trat heraus, mit Papieren
in der Hand. Ich fühlte mir wie Nebel über den Kopf
ziehn, ich sah mich um, und – Entsetzen! – der Mann

je gravis pour m'orienter la colline la plus prochaine, et de son sommet je découvris presqu'à mes pieds et la ville et le jardin. Aussitôt mon cœur battit avec force, et des larmes, bien différentes de celles que jusque là j'avais versées, roulèrent dans mes yeux ; j'allais donc la revoir ! Je descendis par le sentier le plus direct ; un désir inquiet précipitait mes pas. Je passai, sans être vu, auprès de quelques paysans qui venaient de la ville. Ils s'entretenaient de moi, du père de Mina, de Rascal ; je ne voulus pas les entendre ; j'accélérai ma course.

J'entrai dans le jardin ; mon cœur tressaillit. Je crus d'abord entendre un éclat de rire, qui me fit frissonner. Je regardai partout autour de moi, mais je ne pus découvrir personne. Je m'avançai dans le jardin ; il me semblait entendre comme les pas d'un homme qui aurait marché à mes côtés, et cependant je ne voyais rien ; je crus que mon oreille me trompait. Il était encore de bonne heure : personne dans le jardin, personne sous le berceau du comte Pierre ; tout était encore désert. Je parcourus ces allées qui m'étaient si connues ; je m'avançai jusqu'auprès de la maison. Le bruit qui m'inquiétait me poursuivait, et devenait même plus distinct. Je m'assis, respirant à peine, sur un banc placé au soleil vis-à-vis de la porte. Il me sembla que l'invisible lutin qui s'acharnait à me poursuivre s'asseyait à côté de moi avec un rire sardonique. J'entendis tourner la clef ; la porte s'ouvrit ; l'inspecteur sortit, des papiers à la main. Je sentis en même temps comme un brouillard passer sur ma tête ; je regardai autour de moi, je frémis d'horreur ; l'homme

im grauen Rock saß neben mir, mit satanischem Lächeln
auf mich blickend. – Er hatte mir seine Tarnkappe mit
über den Kopf gezogen, zu seinen Füßen lagen sein
und mein Schatten friedlich neben einander; er spielte
nachlässig mit dem bekannten Pergament, das er in
der Hand hielt, und, indem der Forstmeister mit den
Papieren beschäftigt im Schatten der Laube auf- und
abging – beugte er sich vertraulich zu meinem Ohr und
flüsterte mir die Worte:

»So hätten Sie denn doch meine Einladung
angenommen, und da säßen wir einmal zwei Köpfe unter
einer Kappe! – Schon recht! schon recht! Nun geben
Sie mir aber auch mein Vogelnest zurück, Sie brauchen
es nicht mehr, und sind ein zu ehrlicher Mann, um es
mir vorenthalten zu wollen – doch keinen Dank dafür,
ich versichere Sie, daß ich es Ihnen von Herzen gern
geliehen habe.« – Er nahm es unweigerlich aus meiner
Hand, steckte es in die Tasche und lachte mich abermals
aus, und zwar so laut, daß sich der Forstmeister nach
dem Geräusch umsah. – Ich saß wie versteinert da.

»Sie müssen mir doch gestehen«, fuhr er fort, »daß so
eine Kappe viel bequemer ist. Sie deckt doch nicht nur
ihren Mann, sondern auch seinen Schatten mit, und noch
so viele andere, als er mit zu nehmen Lust hat. Sehen Sie,
heute führ ich wieder ihrer zwei.« – Er lachte wieder.

en habit gris était assis à mon côté, et me considérait avec un regard infernal. Il avait étendu sur moi le bonnet de nuage qui le couvrait, et mon ombre gisait paisiblement à ses pieds à côté de la sienne. Il roulait négligemment entre ses doigts le parchemin que je connaissais ; et tandis que l'inspecteur, occupé des papiers qu'il feuilletait et relisait, se promenait en long et en large à l'ombre des tilleuls, il se pencha familièrement à mon oreille, et me tint ce discours :

« Vous vous êtes donc pourtant rendu à mon invitation, et nous voilà, comme on dit, deux têtes dans un bonnet. C'est à merveille ; or rendez-moi mon nid d'oiseau ; vous n'en avez plus besoin, et vous êtes trop honnête homme pour vouloir injustement retenir le bien d'autrui. D'ailleurs, sans remerciement, je vous proteste que c'est du meilleur de mon cœur que je vous l'ai prêté. » Il le reprit de mes mains sans que je m'y opposasse, le remit dans sa poche, et me regarda en partant d'un nouvel éclat de rire, qui même fut si sonore, que le forestier se retourna au bruit. Je restai pétrifié.

« Avouez, poursuivit-il, que ce bonnet est encore beaucoup plus commode que mon nid d'oiseau ; il couvre du moins l'homme et son ombre, et toutes les ombres qu'il lui prend fantaisie d'avoir. Voyez, j'en ai pris aujourd'hui deux à ma suite. » Il se mit à rire.

»Merken Sie sichs, Schlemihl, was man anfangs mit Gutem nicht will, das muß man am Ende doch gezwungen. Ich dächte noch, Sie kauften mir das Ding ab, nähmen die Braut zurück (denn noch ist es Zeit), und wir ließen den Rascal am Galgen baumeln, das wird uns ein Leichtes, so lange es am Stricke nicht fehlt. – Hören Sie, ich gebe Ihnen noch meine Mütze in den Kauf.«

Die Mutter trat heraus und das Gespräch begann.

»Was macht Mina?«

»Sie weint.«

»Einfältiges Kind! es ist doch nicht zu ändern!«

»Freilich nicht; aber sie so früh einem andern zu geben – – O Mann, du bist grausam gegen dein eigenes Kind.«

»Nein, Mutter, das siehst du sehr falsch. Wenn sie, noch bevor sie ihre doch kindischen Tränen ausgeweint hat, sich als die Frau eines sehr reichen und geehrten Mannes findet, wird sie getröstet aus ihrem Schmerze wie aus einem Traum erwachen, und Gott und uns danken, das wirst du sehen!«

»Gott gebe es!«

»Sie besitzt freilich jetzt sehr ansehnliche Güter; aber nach dem Aufsehen, das die unglückliche Geschichte mit dem Abenteurer gemacht hat, glaubst du, daß sich so bald eine andere, für sie so passende Partie, als der Herr Rascal, finden möchte? Weißt du, was für ein Vermögen er besitzt, der Herr Rascal?

« Tenez-vous pour dit, Schlemihl, que l'on en vient à faire malgré soi ce que l'on n'avait pas voulu faire de bon gré. Je suis toujours d'avis, et il en est encore temps, que vous repreniez votre ombre et votre prétendue. Pour Rascal, nous le ferons pendre ; cela ne sera pas difficile tant qu'il y aura des cordes. Tenez, je vous donnerai mon bonnet par dessus le marché. »

La mère de Mina survint, et la conversation s'établit entre elle et son mari.

— Que fait Mina ?

— Elle pleure.

— Quelle déraison !... Qu'y faire ?

— Je ne sais, mais la donner sitôt à un autre !... Oh ! mon ami ! tu es bien cruel envers ton enfant.

— Non, ma femme, tu ne vois pas juste dans cette occasion. Quand, après avoir versé quelques larmes, elle se trouvera la femme d'un homme honoré et puissamment riche, elle se consolera, et sa douleur ne lui paraîtra plus que comme un songe. Elle remerciera Dieu et ses parents, tu le verras.

— Je le souhaite.

— Elle possède sans doute aujourd'hui une belle fortune ; mais, après le bruit qu'a fait sa malheureuse liaison avec cet aventurier, crois-tu qu'il soit facile de trouver pour elle un parti tel que M. Rascal ? Sais-tu à quoi monte sa fortune ?

Er hat für sechs Millionen Güter hier im Lande, frei von allen Schulden, bar bezahlt. Ich habe die Dokumente in Händen gehabt! Er wars, der mir überall das Beste vorweg genommen hat; und außerdem im Portefeuille Papiere auf Thomas John für circa viertehalb Millionen.«

»Er muß sehr viel gestohlen haben.«

»Was sind das wieder für Reden! Er hat weislich gespart, wo verschwendet wurde.«

»Ein Mann, der die Livree getragen hat.«

»Dummes Zeug! er hat doch einen untadlichen Schatten.«

»Du hast recht, aber – –«

Der Mann im grauen Rock lachte und sah mich an. Die Türe ging auf, und Mina trat heraus. Sie stützte sich auf den Arm einer Kammerfrau, stille Tränen flossen auf ihren schönen blassen Wangen. Sie setzte sich in einen Sessel, der für sie unter den Linden bereitet war, und ihr Vater nahm einen Stuhl neben ihr. Er faßte zärtlich ihre Hand, und redete sie, die heftiger zu weinen anfing, mit zarten Worten an:

»Du bist mein gutes, liebes Kind, du wirst auch vernünftig sein, wirst nicht deinen alten Vater betrüben wollen, der nur dein Glück will; ich begreife es wohl, liebes Herz, daß es dich sehr erschüttert hat, du bist wunderbar deinem Unglück entkommen! Bevor wir den schändlichen Betrug entdeckt, hast du diesen Unwürdigen sehr geliebt;

M. Rascal vient d'acheter comptant pour six millions de belles et bonnes terres, libres de toute hypothèque. J'en ai eu les titres entre les mains. C'était lui dans le temps qui mettait l'enchère sur toutes celles que je voulais acquérir pour Mina ; il possède en outre en portefeuille pour environ trois millions de papiers sur la maison Thomas John.

— Il faut donc qu'il ait beaucoup volé.

— Que dis-tu là ? Il a sagement économisé tandis que d'autres jetaient par les fenêtres.

— Mais un homme qui a porté la livrée !

— Sottise ! Son ombre est exempte de taches

— Tu as raison, mais cependant...

L'homme en habit gris me regarda encore en riant. La porte s'ouvrit. Mina parut appuyée sur le bras d'une femme de chambre. Des larmes sillonnaient ses joues décolorées. Elle prit place dans un fauteuil qu'on lui avait préparé sous les tilleuls, et son père s'assit sur une chaise à côté d'elle. Il prit sa main, la serra tendrement et lui adressa la parole en adoucissant le son de sa voix. Les larmes de Mina coulèrent plus abondantes.

« Tu es ma bonne, ma chère enfant ; tu seras raisonnable ; tu ne voudras pas affliger ton vieux père, qui ne souhaite que ton bonheur. Je conçois, ma chère fille, que tout ce qui vient de se passer t'a fortement affectée ; tu as échappé comme par miracle à ta ruine. Avant que nous eussions découvert l'infamie de ce misérable, tu l'aimais, tu l'aimais

siehe, Mina, ich weiß es, und mache dir keine Vorwürfe
darüber. Ich selber, liebes Kind, habe ihn auch geliebt,
so lange ich ihn für einen großen Herrn angesehen habe.
Nun siehst du selber ein, wie anders alles geworden. Was!
ein jeder Pudel hat ja seinen Schatten, und mein liebes
einziges Kind sollte einen Mann – – Nein, du denkst auch
gar nicht mehr an ihn. – Höre, Mina, nun wirbt ein Mann
um dich, der die Sonne nicht scheut, ein geehrter Mann,
der freilich kein Fürst ist, aber zehn Millionen, zehnmal
mehr als du in Vermögen besitzt, ein Mann, der mein
liebes Kind glücklich machen wird. Erwidere mir nichts,
widersetze dich nicht, sei meine gute, gehorsame Tochter,
laß deinen liebenden Vater für dich sorgen, deine Tränen
trocknen. Versprich mir, dem Herrn Rascal deine Hand
zu geben. – Sage, willst du mir dies versprechen?«

Sie antwortete mit erstorbener Stimme:

»Ich habe keinen Willen, keinen Wunsch fürder auf
Erden. Geschehe mit mir, was mein Vater will.«

Zugleich ward Herr Rascal angemeldet, und trat frech
in den Kreis. Mina lag in Ohnmacht. Mein verhaßter
Gefährte blickte mich zornig an und flüsterte mir die
schnellen Worte:

»Und das könnten Sie erdulden! Was fließt Ihnen denn
statt des Blutes in den Adern?«

Er ritzte mir mit einer raschen Bewegung eine leichte
Wunde in die Hand, es floß Blut, er fuhr fort:

tendrement, je le sais, mon enfant, et je ne t'en fais point de reproches ; je l'ai chéri moi-même tant que je l'ai pris pour un grand seigneur. Mais considère comment les choses ont changé. Quoi ! le dernier manant, jusqu'au moindre barbet, chacun a son ombre, en ce monde, et ma fille unique aurait été l'épouse d'un homme !… Non, tu ne penses plus certainement à lui. Écoute, Mina : un homme qui ne craint pas le soleil, un honnête homme, qui n'est pas, à la vérité, un prince, mais qui a dix millions de bien (dix fois autant que tu en possèdes toi-même), recherche ta main. Un homme qui rendra ma chère fille heureuse. Ne me réponds rien ; ne me résiste pas, sois ma fille bien aimée, ma fille soumise ; obéis ; laisse ton père veiller à tes intérêts, régler ton sort et sécher tes larmes. Promets-moi de donner ta main à M. Rascal. Dis, veux-tu me le promettre… ? »

Elle répondit d'une voix mourante :

« Je n'ai plus aucun désir sur la terre. Que la volonté de mon père décide de mon sort. »

Aussitôt on annonça M. Rascal. Il se présenta d'un air assuré. Mina perdit l'usage de ses sens. Mon diabolique compagnon, me regardant d'un air courroucé, m'adressa rapidement ces mots :

« Et vous pourriez soutenir cette scène ! Qu'est-ce donc qui coule dans vos veines ? est-ce bien du sang ? »

Et d'un mouvement prompt il me fit une légère blessure à la main.

»Wahrhaftig! rotes Blut! – So unterschreiben Sie!«

Ich hatte das Pergament und die Feder in Händen. ◆

« Oui, dit-il, c'est du sang, du véritable sang ; signez donc ! »

Je me trouvai le parchemin dans une main, et la plume dans l'autre. ■

VII

Ich werde mich Deinem Urteile bloß stellen, lieber Chamisso, und es nicht zu bestechen suchen. Ich selbst habe lange strenges Gericht an mir selber vollzogen, denn ich habe den quälenden Wurm in meinem Herzen genährt. Es schwebte immerwährend dieser ernste Moment meines Lebens vor meiner Seele, und ich vermocht es nur zweifelnden Blickes, mit Demut und Zerknirschung anzuschauen. – Lieber Freund, wer leichtsinnig nur den Fuß aus der geraden Straße setzt, der wird unversehens in andere Pfade abgeführt, die abwärts und immer abwärts ihn ziehen; er sieht dann umsonst die Leitsterne am Himmel schimmern, ihm bleibt keine Wahl, er muß unaufhaltsam den Abhang hinab, und sich selbst der Nemesis opfern. Nach dem übereilten Fehltritt, der den Fluch auf mich geladen, hatt ich durch Liebe frevelnd in eines andern Wesens Schicksal mich gedrängt; was blieb mir übrig, als, wo ich Verderben gesäet, wo schnelle Rettung von mir geheischt ward, eben rettend blindlings hinzu zu springen? denn die letzte Stunde schlug.

VII

Je veux, mon cher Adelbert, en appeler à ton jugement sans chercher à le séduire. Longtemps, juge impitoyable de moi-même, j'ai nourri le ver rongeur dans mon âme. Cet instant critique et décisif de ma vie, sans cesse présent à mes yeux, me tenait dans le doute et l'humiliation. — Mon ami, celui qu'une première imprudence écarte du droit chemin se voit bientôt égaré dans de perfides sentiers dont la pente l'entraîne ; il ne saurait déjà plus retourner en arrière ; ses regards interrogent en vain les astres du ciel ; il ne saurait plus régler sur eux sa marche ; il faut poursuivre, le gouffre l'appelle, et bientôt il ne lui reste plus qu'à se dévouer lui-même à Némésis. — Après la faute qui avait attiré sur moi le mépris des hommes, criminel par un amour irréfléchi, j'avais témérairement enveloppé dans mes tristes destinées l'existence d'un autre être. Devais-je balancer, quand il en était encore temps, à m'élancer en aveugle pour sauver du précipice celle que j'y avais moi-même jetée ?

Denke nicht so niedrig von mir, mein Adelbert, als zu
meinen, es hätte mich irgend ein geforderter Preis zu teuer
gedünkt, ich hätte mit irgend etwas, was nur mein war,
mehr als eben mit Gold gekargt. – Nein, Adelbert; aber
mit unüberwindlichem Hasse gegen diesen rätselhaften
Schleicher auf krummen Wegen war meine Seele
angefüllt. Ich mochte ihm unrecht tun, doch empörte
mich jede Gemeinschaft mit ihm. – Auch hier trat, wie so
oft schon in mein Leben, und wie überhaupt so oft in die
Weltgeschichte, ein Ereignis an die Stelle einer Tat. Später
habe ich mich mit mir selber versöhnt. Ich habe erstlich die
Notwendigkeit verehren lernen, und was ist mehr als die
getane Tat, das geschehene Ereignis, ihr Eigentum! Dann
hab ich auch diese Notwendigkeit als eine weise Fügung
verehren lernen, die durch das gesamte große Getrieb
weht, darin wir bloß als mitwirkende, getriebene treibende
Räder eingreifen; was sein soll, muß geschehen, was sein
sollte, geschah, und nicht ohne jene Fügung, die ich endlich
noch in meinem Schicksale und dem Schicksale derer, die
das meine mit angriff, verehren lernte.

Ich weiß nicht, ob ich es der Spannung meiner
Seele, unter dem Drange so mächtiger Empfindungen,
zuschreiben soll, ob der Erschöpfung meiner physischen
Kräfte, die während der letzten Tage ungewohntes Darben
geschwächt, ob endlich dem zerstörenden Aufruhr, den
die Nähe dieses grauen Unholdes in meiner ganzen Natur
erregte; genug, es befiel mich, als es an das Unterschreiben
ging, eine tiefe Ohnmacht, und ich lag eine lange Zeit wie
in den Armen des Todes.

Ne me méprise pas au point de croire qu'aucun prix qui fût en ma puissance m'eût paru excessif, et que j'eusse été plus avare d'aucune propriété que de mon or. Non, je te le jure. Mais, Adelbert, mon âme était tout absorbée dans la haine invétérée que je portais à cet homme, dont les voies courbes et mystérieuses me révoltaient. Peut-être que je lui faisais tort, mais je n'étais pas maître de moi, et toute communauté avec lui me faisait horreur. Il arriva donc encore cette fois ce qui déjà souvent m'était arrivé dans ma vie, et ce dont se compose en général l'histoire des hommes : un événement remplit la place d'une action. Je me suis depuis réconcilié avec moi-même. J'ai appris à révérer la nécessité, et qu'est-ce qui lui appartient plus irrévocablement que l'action commise et l'événement avenu ? J'ai appris à révérer cette même nécessité comme un ordre sage qui conserve et dirige le vaste ensemble dans lequel nous entrons comme des rouages qui reçoivent et propagent le mouvement. Il faut que ce qui doit être arrive. Ce qui devait être arriva, et plus tard j'ai reconnu avec vénération l'impulsion irrésistible de cette force intelligente dans mes propres destinées, et dans celles des êtres chéris sur lesquels s'étendit leur influence.

Je ne sais si je dois l'attribuer à la trop forte tension de tous les ressorts de mon âme, à l'épuisement de mes forces physiques, ou bien au désordre inexprimable qu'excitait dans tout mon être le voisinage odieux de cet individu. Quoi qu'il en soit, à l'instant de signer, je me sentis défaillir ; je tombai sans connaissance, et je demeurai un temps considérable entre les bras de la mort.

Fußstampfen und Fluchen waren die ersten Töne, die mein Ohr trafen, als ich zum Bewußtsein zurückkehrte; ich öffnete die Augen, es war dunkel, mein verhaßter Begleiter war scheltend um mich bemüht. »Heißt das nicht wie ein altes Weib sich aufführen! – Man raffe sich auf und vollziehe frisch, was man beschlossen, oder hat man sich anders besonnen, und will lieber greinen?« – Ich richtete mich mühsam auf von der Erde, wo ich lag, und schaute schweigend um mich. Es war später Abend, aus dem hellerleuchteten Försterhause erscholl festliche Musik, einzelne Gruppen von Menschen wallten durch die Gänge des Gartens. Ein paar traten im Gespräche näher und nahmen Platz auf der Bank, worauf ich früher gesessen hatte. Sie unterhielten sich von der an diesem Morgen vollzogenen Verbindung des reichen Herrn Rascal mit der Tochter des Hauses. – Es war also geschehen.

Ich streifte mit der Hand die Tarnkappe des sogleich mir verschwindenden Unbekannten von meinem Haupte weg, und eilte stillschweigend, in die tiefste Nacht des Gebüsches mich versenkend, den Weg über Graf Peters Laube einschlagend, dem Ausgange des Gartens zu. Unsichtbar aber geleitete mich mein Plagegeist, mich mit scharfen Worten verfolgend.

Quand je revins à moi, des trépignements de pieds et des imprécations furent les premiers sons qui frappèrent mon oreille. J'ouvris les yeux. Il était nuit, mon odieux compagnon me donnait ses soins tout en m'accablant d'injures. — « N'est-ce pas là, disait-il, se conduire comme une vieille femme ? Allons ! qu'on se dépêche, et qu'on fasse ce que l'on a résolu de faire ; ou bien a-t-on changé d'avis, et veut-on s'en tenir à pleurer ? » Je me relevai péniblement de la terre ou j'étais étendu, et jetai en silence mes regards autour de moi. Il faisait tout-à-fait nuit. Dans la maison illuminée de l'inspecteur des forêts retentissait une musique bruyante. Quelques personnes parcouraient les allées du jardin ; deux d'entre elles s'approchèrent en conversant et vinrent prendre place sur le banc où moi-même j'avais été assis. J'écoutais leurs discours ; elles s'entretenaient du mariage de l'opulent M. Rascal avec la fille de l'inspecteur des forêts, mariage qui avait été célébré dans la matinée de ce même jour. Ainsi donc, c'en était fait.

Je retirai sans rien dire ma tête de dessous le bonnet de nuage de l'inconnu, qui disparut aussitôt à mes regards, et je me hâtai, en m'enfonçant dans l'épaisseur des bosquets et en passant par le berceau du comte Pierre, de regagner la porte du jardin. Cependant, attaché à moi comme un vampire, mon compagnon invisible me poursuivait et ne cessait de m'assaillir de ses discours envenimés.

»Das ist also der Dank für die Mühe, die man genommen hat, Monsieur, der schwache Nerven hat, den langen lieben Tag hindurch zu pflegen. Und man soll den Narren im Spiele abgeben. Gut, Herr Trotzkopf, fliehn Sie nur vor mir, wir sind doch unzertrennlich. Sie haben mein Gold und ich Ihren Schatten; das läßt uns beiden keine Ruhe. – Hat man je gehört, daß ein Schatten von seinem Herrn gelassen hätte? Ihrer zieht mich Ihnen nach, bis Sie ihn wieder zu Gnaden annehmen und ich ihn los bin. Was Sie versäumt haben, aus frischer Lust zu tun, werden Sie, nur zu spät, aus Überdruß und Langeweile nachholen müssen; man entgeht seinem Schicksale nicht.«

Er sprach aus demselben Tone fort und fort; ich floh umsonst, er ließ nicht nach, und immer gegenwärtig, redete er höhnend von Gold und Schatten. Ich konnte zu keinem eigenen Gedanken kommen.

Ich hatte durch menschenleere Straßen einen Weg nach meinem Hause eingeschlagen. Als ich davor stand und es ansah, konnte ich es kaum erkennen; hinter den eingeschlagenen Fenstern brannte kein Licht. Die Türen waren zu, kein Dienervolk regte sich mehr darin. Er lachte laut auf neben mir: »Ja, ja, so gehts! Aber Ihren Bendel finden Sie wohl daheim, den hat man jüngst vorsorglich so müde nach Hause geschickt, daß er es wohl seitdem gehütet haben wird.« Er lachte wieder. »Der wird Geschichten zu erzählen haben! – Wohlan denn! für heute gute Nacht, auf baldiges Wiedersehen!«

« Voilà donc ce que l'on gagne à soigner durant tout un jour Monsieur, qui a des attaques de nerfs. Un autre aurait dit : grand merci ; mais, mon ami, c'est fort bien ; fuyez-moi tant que vous voudrez ; sauvez-vous tant que vous pourrez : nous n'en serons pas moins inséparables. Vous avez mon or et j'ai votre ombre. Il n'est plus de repos pour l'un ni pour l'autre. Jamais ombre a-t-elle abandonné son homme ? La vôtre m'entraîne, m'attache à votre suite, jusqu'à ce qu'enfin il vous plaise de la recevoir en grâce, et de m'en débarrasser. Je vous le prédis, vous ferez un jour, et trop tard, par lassitude et par ennui, ce que vous n'avez pas voulu faire de bon cœur, quand il en était temps. On n'échappe pas à sa destinée ! »

Il continuait à parler sur le même ton. Je fuyais en vain ; il s'obstinait avec ironie à me retracer les attraits de l'ombre et de l'or. Je ne pouvais me recueillir ni former aucune pensée suivie.

J'avais regagné ma maison en traversant quelques rues écartées et désertes ; j'eus peine à la reconnaître. Les fenêtres en étaient brisées, les portes barricadées, aucune lumière n'éclairait les appartements, aucun bruit ne s'y faisait entendre, aucun domestique ne m'attendait. Mon invisible persécuteur éclata de rire. « Ainsi va le monde, dit-il, mais vous retrouverez votre Bendel. On l'a prudemment l'autre jour renvoyé si fatigué, qu'il aura été obligé de garder la maison. » Il se remit à rire. « Il aura une longue histoire à vous faire. Bonsoir donc pour aujourd'hui. Au plaisir de vous revoir, et à bientôt ! »

Ich hatte wiederholt geklingelt, es erschien Licht; Bendel frug von innen, wer geklingelt habe. Als der gute Mann meine Stimme erkannte, konnte er seine Freude kaum bändigen; die Tür flog auf, wir lagen weinend einander in den Armen. Ich fand ihn sehr verändert, schwach und krank; mir war aber das Haar ganz grau geworden.

Er führte mich durch die verödeten Zimmer nach einem innern, verschont gebliebenen Gemach; er holte Speise und Trank herbei, wir setzten uns, er fing wieder an zu weinen. Er erzählte mir, daß er letzthin den grau gekleideten dürren Mann, den er mit meinem Schatten angetroffen hatte, so lange und so weit geschlagen habe, bis er selbst meine Spur verloren und vor Müdigkeit hingesunken sei; daß nachher, wie er mich nicht wieder finden gekonnt, er nach Hause zurückgekehrt, wo bald darauf der Pöbel, auf Rascals Anstiften, herangestürmt, die Fenster eingeschlagen und seine Zerstörungslust gebüßt. So hatten sie an ihrem Wohltäter gehandelt. Meine Dienerschaft war aus einander geflohen. Die örtliche Polizei hatte mich als verdächtig aus der Stadt verwiesen, und mir eine Frist von vierundzwanzig Stunden festgesetzt, um deren Gebiet zu verlassen.

Zu dem, was mir von Rascals Reichtum und Vermählung bekannt war, wußte er noch vieles hinzuzufügen. Dieser Bösewicht, von dem alles ausgegangen,

J'avais sonné à plusieurs reprises ; je vis une lumière en mouvement. Bendel demanda qui était là ; lorsque cet excellent serviteur eut reconnu ma voix, à peine put-il contenir ses transports. La porte s'ouvrit et nous tombâmes, en pleurant, dans les bras l'un de l'autre. Je le trouvai très changé. Il était faible et malade. Pour moi, mes cheveux étaient devenus tout gris.

Il me conduisit à travers ces vastes appartements, entièrement dévastés, à un cabinet intérieur qui avait été épargné. Il y apporta quelque nourriture, et, s'étant assis près de moi, il recommença à pleurer. Il me raconta que l'homme grêle en habit gris, qu'il avait surpris avec mon ombre, l'avait entraîné à sa suite très loin et très longtemps, jusqu'à ce que, tombant de lassitude et ne pouvant plus retrouver mes traces, il fût réduit à prendre le parti de se traîner chez moi pour m'y attendre ; que bientôt la populace, soulevée et ameutée par Rascal, avait assouvi sa fureur en brisant les fenêtres et les meubles de mon hôtel ; que mes gens s'étaient dispersés ; que la police m'avait banni comme suspect, et m'avait assigné vingt-quatre-heures pour sortir du territoire. Voilà comment ils avaient reconnu tous mes bienfaits.

À ce que je savais déjà de la fortune et du mariage de Rascal, il ajouta quelques circonstances que j'ignorais encore. Ce scélérat, auteur de tous les désastres

was hier gegen mich geschehen war, mußte von Anbeginn mein Geheimnis besessen haben, es schien, er habe, vom Golde angezogen, sich an mich zu drängen gewußt, und schon in der ersten Zeit einen Schlüssel zu jenem Goldschrank sich verschafft, wo er den Grund zu dem Vermögen gelegt, das noch zu vermehren er jetzt verschmähen konnte.

Das alles erzählte mir Bendel unter häufigen Tränen, und weinte dann wieder vor Freuden, daß er mich wieder sah, mich wieder hatte, und daß, nachdem er lang gezweifelt, wohin das Unglück mich gebracht haben möchte, er mich es ruhig und gefaßt ertragen sah. Denn solche Gestaltung hatte nun die Verzweiflung in mir genommen. Ich sah mein Elend riesengroß, unwandelbar vor mir, ich hatte ihm meine Tränen ausgeweint, es konnte kein Geschrei mehr aus meiner Brust pressen, ich trug ihm kalt und gleichgültig mein entblößtem Haupt entgegen.

»Bendel«, hub ich an, »du weißt mein Los. Nicht ohne früheres Verschulden trifft mich schwere Strafe. Du sollst länger nicht, unschuldiger Mann, dein Schicksal an das meine binden, ich will es nicht. Ich reite die Nacht noch fort, sattle mir ein Pferd, ich reite allein; du bleibst, ich wills. Es müssen hier noch einige Kisten Goldes liegen, das behalte du. Ich werde allein unstät in der Welt wandern; wann mir aber je eine heitere Stunde wieder lacht und das Glück mich versöhnt anblickt, dann will ich deiner getreu gedenken, denn ich habe an deiner getreuen Brust in schweren, schmerzlichen Stunden geweint.«

qui venaient de fondre sur moi, semblait avoir connu mon secret dès le principe, et ne s'être attaché à moi que par attrait pour l'or. Il s'était probablement procuré une clef de l'armoire où étaient jadis cachées mes richesses, et avait dès lors jeté les fondements d'une fortune qu'il pouvait aujourd'hui négliger d'augmenter.

Ce récit, Bendel l'avait entrecoupé de bien des larmes. Lorsqu'il l'eut achevé, il en répandit de nouvelles, mais de la seule joie que lui causait mon retour, car il avait craint de ne plus me revoir, et frémi des extrémités auxquelles aurait pu me porter l'adversité qu'il me voyait aujourd'hui supporter avec calme. Tel était, en effet, le caractère qu'avait pris en moi le désespoir. Mon infortune se présentait à moi comme une fatale nécessité ; je n'avais plus de larmes à lui donner ; aucun gémissement, aucun cri, ne pouvait plus sortir de mon sein. Je courbais avec une apparente indifférence une tête dévouée sous la main invisible qui m'opprimait.

« Bendel, lui dis-je, tu connais mon sort. Je n'ai pas laissé de provoquer le châtiment qui me poursuit. Je ne veux pas t'associer plus longtemps à ma destinée, toi dont le bon cœur et l'innocence méritent un meilleur sort. Selle-moi un cheval ; je vais partir. Séparons-nous ; je le veux. Il doit encore rester ici quelques caisses remplies d'or, garde-les ; pour moi, je vais seul et sans but parcourir le monde. Si jamais je revois des jours plus sereins, si le bonheur daigne encore me sourire, alors je penserai fidèlement à toi, car, dans les heures de l'adversité, j'ai plus d'une fois répandu des larmes dans ton sein. »

Mit gebrochenem Herzen mußte der Redliche diesem letzten Befehle seines Herrn, worüber er in der Seele erschrak, gehorchen; ich war seinen Bitten, seinen Vorstellungen taub, blind seinen Tränen; er führte mir das Pferd vor. Ich drückte noch einmal den Weinenden an meine Brust, schwang mich in den Sattel und entfernte mich unter dem Mantel der Nacht von dem Grabe meines Lebens, unbekümmert, welchen Weg mein Pferd mich führen werde; denn ich hatte weiter auf Erden kein Ziel, keinen Wunsch, keine Hoffnung. ◆

Il fallut que Bendel, effrayé de ma résolution et le cœur déchiré, obéît à ce dernier ordre de son maître. Sourd à ses représentations et à ses prières, je fus inébranlable. Il m'amena mon cheval ; je serrai encore une fois entre mes bras l'ami de mon malheur, et m'éloignai, dans les ténèbres de la nuit, de ce lieu funeste, tombeau de mes espérances. Je ne faisais aucune attention à la route que suivait mon cheval, car je n'avais plus sur la terre aucun but, aucun désir. ∎

VIII

Es gesellte sich bald ein Fußgänger zu mir, welcher mich bat, nachdem er eine Weile neben meinem Pferde geschritten war, da wir doch denselben Weg hielten, einen Mantel, den er trug, hinten auf mein Pferd legen zu dürfen; ich ließ es stillschweigend geschehen. Er dankte mir mit leichtem Anstand für den leichten Dienst, lobte mein Pferd, nahm daraus Gelegenheit, das Glück und die Macht der Reichen hoch zu preisen, und ließ sich, ich weiß nicht wie, in eine Art von Selbstgespräch ein, bei dem er mich bloß zum Zuhörer hatte.

Er entfaltete seine Ansichten von dem Leben und der Welt, und kam sehr bald auf die Metaphysik, an die die Forderung erging, das Wort aufzufinden, das aller Rätsel Lösung sei. Er setzte die Aufgabe mit vieler Klarheit aus einander und schritt fürder zu deren Beantwortung.

VIII

Bientôt je fus joint par un piéton, qui, après m'avoir suivi quelque temps, me demanda la permission, puisque nous suivions la même route, de placer sur la croupe de mon cheval un manteau qui l'incommodait. Je le laissai faire sans lui répondre. Il me remercia de ce léger service avec aisance et politesse ; loua cependant la beauté de ma monture, en prit occasion de célébrer le bonheur et la puissance des riches, et enfin s'engagea, je ne sais trop comment, dans une sorte de dialogue avec lui-même, pendant lequel je jouais le rôle passif d'auditeur.

Il développa ses idées sur le monde, et aborda bientôt la métaphysique, dont le problème est de nous révéler le mot de la grande énigme, et de nous donner la clef de toutes celles qui bornent notre pensée. Il posa la question avec beaucoup de clarté, et se mit aussitôt à y répondre.

Du weißt, mein Freund, daß ich deutlich erkannt habe, seitdem ich den Philosophen durch die Schule gelaufen, daß ich zur philosophischen Spekulation keineswegs berufen bin, und daß ich mir dieses Feld völlig abgesprochen habe; ich habe seither vieles auf sich beruhen lassen, vieles zu wissen und zu begreifen Verzicht geleistet, und bin, wie du es mir selber geraten, meinem geraden Sinn vertrauend, der Stimme in mir, so viel es in meiner Macht gewesen, auf dem eigenen Wege gefolgt. Nun schien mir dieser Redekünstler mit großem Talent ein fest gefügtes Gebäude aufzuführen, das in sich selbst begründet sich emportrug, und wie durch eine innere Notwendigkeit bestand. Nur vermißt ich ganz in ihm, was ich eben darin hätte suchen wollen, und so ward es mir zu einem bloßen Kunstwerk, dessen zierliche Geschlossenheit und Vollendung dem Auge allein zur Ergötzung diente; aber ich hörte dem wohlberedten Manne gerne zu, der meine Aufmerksamkeit von meinen Leiden auf sich selbst abgelenkt, und ich hätte mich ihm willig ergeben, wenn er meine Seele wie meinen Verstand in Anspruch genommen hätte.

Mittlerweile war die Zeit hingegangen, und unbemerkt hatte schon die Morgendämmerung den Himmel erhellt; ich erschrak, als ich mit einem Mal aufblickte und im Osten die Pracht der Farben sich entfalten sah, die die nahe Sonne verkünden,

Tu sais, mon ami, qu'après avoir écouté tous nos philosophes, j'ai clairement reconnu que je n'étais aucunement appelé à me mêler de leurs spéculations, et que, dans le sentiment de mon insuffisance, je me suis irrévocablement retiré de l'arène. J'ai depuis laissé dormir bien des questions, que je me suis résigné à ignorer, à ne pas faire ou à laisser sans réponse, et, me confiant en la droiture de mon sens, j'ai, comme tu me le conseillais toi-même, suivi autant que je l'ai pu la voix qui s'élevait en moi pour me conduire, et n'ai voulu qu'elle pour guide sur la route que je me suis frayée. Cependant ce rhéteur, dont j'admirais le talent, me semblait élever un édifice, fondé en apparence sur sa propre nécessité. Mais je n'y trouvais pas ce que précisément j'y aurais voulu ; et dès lors ce n'était plus pour moi qu'une de ces constructions élégantes qui ne servent qu'à récréer la vue par la symétrie de leurs formes ; mais je prenais plaisir à l'éloquence du sophiste, qui, maîtrisant mon attention, m'avait distrait de mes propres maux, et je ne lui aurais pas résisté s'il avait su ébranler mon âme, comme il savait dominer mon esprit.

Les heures cependant s'étaient écoulées, et le crépuscule avait insensiblement succédé à la nuit. Un secret effroi me fit tressaillir lorsque, levant les yeux, je vis l'orient briller des couleurs qui annoncent le retour du soleil, et, à l'heure

und gegen sie war in dieser Stunde, wo die Schlagschatten mit ihrer ganzen Ausdehnung prunkten, kein Schutz, kein Bollwerk in der offenen Gegend zu ersehn! und ich war nicht allein! Ich warf einen Blick auf meinen Begleiter, und erschrak wieder. – Es war kein anderer, als der Mann im grauen Rock.

Er lächelte über meine Bestürzung, und fuhr fort, ohne mich zum Wort kommen zu lassen:

»Laßt doch, wie es einmal in der Welt Sitte ist, unsern wechselseitigen Vorteil uns auf eine Weile verbinden, zu scheiden haben wir immer noch Zeit. Die Straße hier längs dem Gebirge, ob Sie gleich noch nicht daran gedacht haben, ist doch die einzige, die Sie vernünftiger Weise einschlagen können; hinab in das Tal dürfen Sie nicht, und über das Gebirg werden Sie noch weniger zurückkehren wollen, von wo Sie hergekommen sind – diese ist auch gerade meine Straße. – Ich sehe Sie schon vor der aufgehenden Sonne erblassen. Ich will Ihnen Ihren Schatten auf die Zeit unserer Gesellschaft leihen, und Sie dulden mich dafür in Ihrer Nähe; Sie haben so Ihren Bendel nicht mehr bei sich; ich will Ihnen gute Dienste leisten. Sie lieben mich nicht, das ist mir leid. Sie können mich darum doch benutzen. Der Teufel ist nicht so schwarz, als man ihn malt. Gestern haben Sie mich geärgert, das ist wahr, heute will ichs Ihnen nicht nachtragen, und ich habe Ihnen schon den Weg bis hieher verkürzt, das müssen Sie selbst gestehen – Nehmen Sie doch nur einmal Ihren Schatten auf Probe wieder an.«

où les ombres que projettent les corps opaques jouissent de leur plus grande dimension, je ne découvrais contre lui, dans la contrée ouverte que je parcourais, aucun abri, aucun rempart ; et je n'étais pas seul ! Alors, pour la première fois, je jetai un coup d'œil sur mon compagnon de voyage ; je frémis de nouveau : ce rhéteur n'était autre que l'homme en habit gris.

Il sourit de ma consternation, et poursuivit ainsi son discours, sans me laisser le temps de prendre la parole :

« Souffrez qu'une fois, comme c'est l'usage dans le monde, notre intérêt commun nous réunisse ; nous aurons toujours le temps de nous séparer. Je vous avertis que cette route qui traverse les montagnes est la seule que vous puissiez tenir. Vous n'oseriez descendre dans la plaine, et vous ne voudriez pas sans doute repasser les montagnes pour retourner au lieu d'où vous êtes venu ; ce chemin est aussi le mien. Je vous vois pâlir à l'approche du soleil ; je veux bien vous prêter votre ombre pour le temps que durera notre société, et, pour cette complaisance, vous me souffrirez près de vous ; aussi bien n'avez-vous plus votre Bendel ; vous serez content de mon service. Vous ne m'aimez pas, j'en suis fâché ; cela vous empêche-t-il de vous servir de moi ? Le diable n'est pas si noir qu'on le peint. Vous m'avez impatienté hier, cela est vrai ; mais je ne vous en tiens pas rancune aujourd'hui, et vous m'avouerez que je vous ai déjà abrégé le chemin jusqu'ici. Allons, faites encore une fois l'essai de votre ombre. »

Die Sonne war aufgegangen, auf der Straße kamen uns Menschen entgegen; ich nahm, obgleich mit innerlichem Widerwillen, den Antrag an. Er ließ lächelnd meinen Schatten zur Erde gleiten, der alsbald seine Stelle auf des Pferdes Schatten einnahm und lustig neben mir hertrabte. Mir war sehr seltsam zu Mut.

Ich ritt an einem Trupp Landleute vorbei, die vor einem wohlhabenden Mann ehrerbietig mit entblößtem Haupte Platz machten. Ich ritt weiter, und blickte gierigen Auges und klopfenden Herzens seitwärts vom Pferde herab auf diesen sonst meinen Schatten, den ich jetzt von einem Fremden, ja von einem Feinde, erborgt hatte.

Dieser ging unbekümmert neben her, und pfiff eben ein Liedchen. Er zu Fuß, ich zu Pferd, ein Schwindel ergriff mich, die Versuchung war zu groß, ich wandte plötzlich die Zügel, drückte beide Sporen an, und so in voller Carriere einen Seitenweg eingeschlagen; aber ich entführte den Schatten nicht, der bei der Wendung vom Pferde glitt und seinen gesetzmäßigen Eigentümer auf der Landstraße erwartete. Ich mußte beschämt umlenken; der Mann im grauen Rocke, als er ungestört sein Liedchen zu Ende gebracht, lachte mich aus, setzte mir den Schatten wieder zurecht, und belehrte mich, er würde erst an mir festhängen und bei mir bleiben wollen, wenn ich ihn wiederum als rechtmäßiges Eigentum besitzen würde.

Déjà le soleil paraissait à l'horizon, et je voyais du monde s'avancer vers nous sur la route. J'acceptai la proposition, quoique avec une extrême répugnance, et l'homme gris, en souriant, laissa glisser à terre mon ombre, qui alla aussitôt prendre sa place sur celle de mon cheval, et se mit à trotter gaîment à mon côté ; je ne saurais exprimer l'étrange émotion que je ressentis à cette vue.

Je passai devant une troupe de paysans, qui se rangèrent pour faire place à un homme riche, et ôtèrent respectueusement leurs chapeaux. Le cœur me battait avec force, et, du haut de mon cheval, je regardais de côté, et d'un œil de convoitise, cette ombre qui, autrefois, m'avait appartenu, et que maintenant je ne tenais qu'à titre de prêt d'un étranger, d'un être que j'abhorrais.

Mon compagnon, cependant, semblait être dans la plus parfaite sécurité ; il me suivait en s'amusant à siffler, lui à pied, moi bien monté. La tentation était trop forte : il me prit comme un vertige, je piquai des deux, courus ainsi à pleine carrière un certain espace de chemin ; mais je n'emmenais pas mon ombre avec moi, elle avait glissé sous celle de mon cheval, lorsque celui-ci avait pris le galop, et était retournée à son légitime propriétaire. Il me fallut honteusement tourner bride. L'homme en habit gris, lorsqu'il eut tranquillement achevé son air, se moqua de moi, rajusta mon image à la place qu'elle devait occuper, et m'apprit qu'elle ne me resterait attachée que lorsqu'elle serait redevenue ma propriété.

»Ich halte Sie«, fuhr er fort, »am Schatten fest, und Sie kommen mir nicht los. Ein reicher Mann, wie Sie, braucht einmal einen Schatten, das ist nicht anders, Sie sind nur darin zu tadeln, daß Sie es nicht früher eingesehen haben.«

Ich setzte meine Reise auf derselben Straße fort; es fanden sich bei mir alle Bequemlichkeiten des Lebens und selbst ihre Pracht wieder ein; ich konnte mich frei und leicht bewegen, da ich einen, obgleich nur erborgten, Schatten besaß, und ich flößte überall die Ehrfurcht ein, die der Reichtum gebietet; aber ich hatte den Tod im Herzen. Mein wundersamer Begleiter, der sich selbst für den unwürdigen Diener des reichsten Mannes in der Welt ausgab, war von einer außerordentlichen Dienstfertigkeit, über die Maßen gewandt und geschickt, der wahre Inbegriff eines Kammerdieners für einen reichen Mann, aber er wich nicht von meiner Seite, und führte unaufhörlich das Wort gegen mich, stets die größte Zuversicht an den Tag legend, daß ich endlich, sei es auch nur, um ihn los zu werden, den Handel mit dem Schatten abschließen würde. – Er war mir eben so lästig als verhaßt. Ich konnte mich ordentlich vor ihm fürchten. Ich hatte mich von ihm abhängig gemacht. Er hielt mich, nachdem er mich in die Herrlichkeit der Welt, die ich floh, zurückgeführt hatte. Ich mußte seine Beredsamkeit über mich ergehen lassen, und fühlte schier, er habe recht.

« Je vous tiens, continua-t-il, par votre ombre, et vous ne m'échapperez pas : un homme riche comme vous a besoin de ce meuble, et vous n'avez que le tort de ne pas l'avoir senti plus tôt. »

Je poursuivis mon voyage dans la même direction, et toutes les commodités de la vie, ses superfluités, le luxe, la magnificence, revinrent insensiblement m'entourer. Muni d'une ombre, bien que d'emprunt, je pouvais me mouvoir sans crainte et sans gêne ; je jouissais de ma liberté, et j'inspirais partout le respect que l'on doit à l'opulence ; mais j'avais la mort dans le cœur. Mon incompréhensible compagnon, qui partout se donnait lui-même pour le serviteur indigne de l'homme du monde le plus riche, était d'une complaisance sans bornes ; il remplissait en effet près de moi les fonctions de valet avec un empressement, une intelligence et une dextérité qui surpassaient toute idée ; c'était le modèle accompli du valet de chambre d'un riche. Mais il ne me quittait pas, et ne cessait d'exercer sur moi son éloquence, affectant toujours la plus parfaite sécurité que je finirais, ne fût-ce que pour me débarrasser de lui, par conclure le marché qu'il m'avait proposé. Il m'était en effet aussi à charge qu'odieux ; il me faisait peur. Je m'étais placé moi-même dans sa dépendance ; il me tenait asservi depuis qu'il m'avait fait de nouveau jouer un rôle sur la scène du monde, que je voulais fuir. Je ne pouvais plus lui imposer silence, et je sentais qu'au fond il avait raison.

Ein Reicher muß in der Welt einen Schatten haben, und sobald ich den Stand behaupten wollte, den er mich wieder geltend zu machen verleitet hatte, war nur ein Ausgang zu ersehen. Dieses aber stand bei mir fest, nachdem ich meine Liebe hingeopfert, nachdem mir das Leben verblaßt war, wollt ich meine Seele nicht, sei es um alle Schatten der Welt, dieser Kreatur verschreiben. Ich wußte nicht, wie es enden sollte.

Wir saßen einst vor einer Höhle, welche die Fremden, die das Gebirg bereisen, zu besuchen pflegen. Man hört dort das Gebrause unterirdischer Ströme aus ungemessener Tiefe heraufschallen, und kein Grund scheint den Stein, den man hineinwirft, in seinem hallenden Fall aufzuhalten.

Er malte mir, wie er öfters tat, mit verschwenderischer Einbildungskraft und im schimmernden Reize der glänzendsten Farben, sorgfältig ausgeführte Bilder von dem, was ich in der Welt, kraft meines Seckels, ausführen würde, wenn ich erst meinen Schatten wieder in meiner Gewalt hätte.

Die Ellenbogen auf die Knie gestützt, hielt ich mein Gesicht in meinen Händen verborgen und hörte dem Falschen zu, das Herz zwiefach geteilt zwischen der Verführung und dem strengen Willen in mir. Ich konnte bei solchem innerlichen Zwiespalt länger nicht ausdauern, und begann den entscheidenden Kampf:

Il faut dans le monde qu'un riche ait une ombre, et si je voulais soutenir l'état qu'il m'avait insidieusement fait reprendre, il n'y avait qu'une issue à prévoir. Cependant j'avais irrévocablement résolu, après avoir sacrifié mon amour et désenchanté ma vie, que pour toutes les ombres de la terre je n'engagerais point mon âme, quel que pût être l'événement.

Un jour, nous étions assis à l'entrée d'une caverne que les étrangers qui voyagent dans les montagnes ont coutume de visiter. La voix des torrents souterrains se fait entendre dans une profondeur immense, et les pierres que l'on jette dans le gouffre retentissent longtemps dans leur chute, sans paraître en atteindre le fond.

L'homme gris, selon sa coutume, me faisait, avec une imagination prodigue et toute la magie des plus vives couleurs, le tableau ravissant de tout ce que je pourrais effectuer dans ce monde, au moyen de ma bourse, dès que j'aurais recouvré la propriété de mon ombre.

Les coudes appuyés sur mes genoux, cachant mon visage dans mes deux mains, je prêtais l'oreille au corrupteur, et mon cœur hésitait entre les attraits de la séduction et l'austérité de ma volonté. Je ne pouvais plus longtemps rester ainsi en guerre avec moi-même ; j'engageai enfin un combat qui devait être décisif.

»Sie scheinen, mein Herr, zu vergessen, daß ich Ihnen zwar erlaubt habe, unter gewissen Bedingungen in meiner Begleitung zu bleiben, daß ich mir aber meine völlige Freiheit vorbehalten habe.«

»Wenn Sie befehlen, so pack ich ein.«

Die Drohung war ihm geläufig. Ich schwieg; er setzte sich gleich daran, meinen Schatten wieder zusammenzurollen. Ich erblaßte, aber ich ließ es stumm geschehen. Es erfolgte ein langes Stillschweigen. Er nahm zuerst das Wort:

»Sie können mich nicht leiden, mein Herr, Sie hassen mich, ich weiß es; doch warum hassen Sie mich? Ist es etwa, weil Sie mich auf öffentlicher Straße angefallen, und mir mein Vogelnest mit Gewalt zu rauben gemeint? oder ist es darum, daß Sie mein Gut, den Schatten, den Sie Ihrer bloßen Ehrlichkeit anvertraut glaubten, mir diebischer Weise zu entwenden gesucht haben? Ich meinerseits hasse Sie darum nicht; ich finde ganz natürlich, daß Sie alle Ihre Vorteile, List und Gewalt geltend zu machen suchen; daß Sie übrigens die allerstrengsten Grundsätze haben und wie die Ehrlichkeit selbst denken, ist eine Liebhaberei, wogegen ich auch nichts habe. – Ich denke in der Tat nicht so streng als Sie; ich handle bloß, wie Sie denken. Oder hab ich Ihnen etwa irgend wann den Daumen auf die Gurgel gedrückt, um Ihre werteste Seele, zu der ich einmal Lust habe, an mich zu bringen? Hab ich von wegen meines ausgetauschten Seckels einen Diener auf Sie losgelassen? hab ich Ihnen damit durchzugehen versucht?«

« Vous paraissez oublier, Monsieur, que, si je vous ai permis de m'accompagner jusqu'ici, ce n'a été qu'à certaines conditions, et que je me suis réservé mon entière liberté.

— Dites un mot, répondit-il, et je ferai mon paquet. »

Cette sorte de menace lui était familière. Je gardai le silence ; il se mit en devoir de reployer mon ombre et de l'emporter. Je pâlis, mais je le laissai faire. Il acheva, et un long silence suivit. Il reprit enfin la parole :

« Vous me haïssez, Monsieur, je le sais ; mais pourquoi me haïssez-vous ? Serait-ce pour m'avoir attaqué en voleur de grand chemin et vous être applaudi, dans votre sagesse, de m'avoir dépouillé un moment de mon nid d'oiseau ? Ou bien, est-ce pour avoir voulu me voler, comme un filou, le bien que vous supposiez confié à votre seule probité, cette ombre que vous savez fort bien m'avoir vendue ? Quant à moi, je ne vous en veux pas pour cela ; je trouve tout simple que vous cherchiez à user de tous vos avantages, ruse et violence. Que d'ailleurs vous vous prêtiez les principes les plus sévères, et que, dans votre esprit, vous rêviez à un beau idéal de délicatesse, c'est une fantaisie dont je ne m'offense pas. Je n'ai pas, en effet, une morale aussi austère que la vôtre, mais j'agis comme vous pensez. Dites-moi, par exemple, si je vous ai jamais pris à la gorge pour avoir votre belle âme, dont vous savez que j'ai envie ; si jamais je vous ai fait attaquer par quelqu'un de mes gens pour recouvrer ma bourse ; ou si j'ai essayé d'ailleurs de vous en priver par quelque tour de passe-passe ? »

Ich hatte dagegen nichts zu erwidern; er fuhr fort:

»Schon recht, mein Herr, schon recht! Sie können mich nicht leiden; auch das begreife ich wohl, und verarge es Ihnen weiter nicht. Wir müssen scheiden, das ist klar, und auch Sie fangen an, mir sehr langweilig vorzukommen. Um sich also meiner ferneren beschämenden Gegenwart völlig zu entziehen, rate ich es Ihnen noch einmal: Kaufen Sie mir das Ding ab.«

Ich hielt ihm den Seckel hin: »Um den Preis.«

»Nein!«

Ich seufzte schwer auf und nahm wieder das Wort:

»Auch also. Ich dringe darauf, mein Herr, laßt uns scheiden, vertreten Sie mir länger nicht den Weg auf einer Welt, die hoffentlich geräumig genug ist für uns beide.«

Er lächelte und erwiderte:

»Ich gehe, mein Herr, zuvor aber will ich Sie unterrichten, wie Sie mir klingeln können, wenn Sie je Verlangen nach Ihrem untertänigsten Knecht tragen sollten: Sie brauchen nur Ihren Seckel zu schütteln, daß die ewigen Goldstücke darinnen rasseln, der Ton zieht mich augenblicklich an. Ein jeder denkt auf seinen Vorteil in dieser Welt; Sie sehen, daß ich auf Ihren zugleich bedacht bin, denn ich eröffne Ihnen offenbar eine neue Kraft. – O dieser Seckel! –

Je n'avais rien à répondre ; il poursuivit :

— C'est fort bien, Monsieur, c'est fort bien ; vous ne sauriez me souffrir, je le conçois facilement, et je ne vous en fais point de reproches. Il faut nous séparer, cela est clair, et je vous avouerai que, de mon côté, je commence aussi à vous trouver infiniment ennuyeux. Or donc, pour vous soustraire définitivement et à jamais à l'humiliation de ma fâcheuse présence, je vous le conseille encore une fois, rachetez-moi cette ombre tant regrettée.

— À ce prix ? lui dis-je, en lui présentant la bourse.

— Non.

Telle fut sa laconique réponse. Je soupirai profondément et repris la parole :

« À la bonne heure. Je n'en insiste pas moins sur notre séparation. Ne vous obstinez pas, Monsieur, à me barrer plus longtemps le chemin sur cette terre, qui, je pense, est assez large pour tous deux. »

Il sourit et me répliqua :

« Je pars, Monsieur, mais auparavant je veux vous apprendre à sonner votre valet très indigne, si jamais vous pouviez avoir besoin de lui. Vous n'avez pour cela qu'à secouer votre bourse ; le tintement de l'or éternel qu'elle renferme se fera partout entendre à mon oreille, et je serai toujours à vos ordres. Chacun pense à son profit dans ce monde ; vous voyez qu'en songeant au mien je ne néglige pas vos intérêts. N'est-il pas évident que je remets aujourd'hui une nouvelle force à votre disposition ? Oh ! cette bourse !

Und hätten gleich die Motten Ihren Schatten schon aufgefressen, der würde noch ein starkes Band zwischen uns sein. Genug, Sie haben mich an meinem Gold, befehlen Sie auch in der Ferne über Ihren Knecht, Sie wissen, daß ich mich meinen Freunden dienstfertig genug erweisen kann, und daß die Reichen besonders gut mit mir stehen; Sie haben es selbst gesehen. – Nur Ihren Schatten, mein Herr – das lassen Sie sich gesagt sein – nie wieder, als unter einer einzigen Bedingung.«

Gestalten der alten Zeit traten vor meine Seele. Ich frug ihn schnell:

»Hatten Sie eine Unterschrift vom Herrn John?«

Er lächelte.

»Mit einem so guten Freund hab ich es keineswegs nötig gehabt.«

»Wo ist er? bei Gott, ich will es wissen!«

Er steckte zögernd die Hand in die Tasche, und daraus bei den Haaren hervorgezogen erschien Thomas Johns bleiche, entstellte Gestalt, und die blauen Leichenlippen bewegten sich zu schweren Worten: »*Justo judicio Dei judicatus sum; justo judicio Dei condemnatus sum.*«

Ich entsetzte mich, und schnell den klingenden Seckel in den Abgrund werfend, sprach ich zu ihm die letzten Worte:

Tenez, quand les teignes auraient rongé votre ombre, cette bourse serait encore un lien solide entre nous. En un mot, vous me tenez par la bourse ; vous pouvez m'appeler quand il vous plaira, et disposer, en tout temps et en tous lieux, de votre très humble et très obéissant serviteur. Vous savez quels services je puis rendre à mes amis, et que surtout les riches sont bien dans mes papiers ; vous l'avez vu. Mais pour votre ombre, Monsieur, tenez-vous-le pour dit, vous savez le prix que j'y mets. J'ai l'honneur de vous saluer. »

En ce moment d'anciens souvenirs se retracèrent inopinément à mon esprit. Je lui demandai avec vivacité :

« Aviez-vous une signature de M. John ? »

Il répondit en souriant :

« Avec un ami tel que lui, je n'avais pas besoin d'écriture.

— Mais qu'est-il devenu ? Où est-il à cette heure, m'écriai-je ; au nom de Dieu, je veux le savoir ! »

Il mit en hésitant sa main droite dans sa poche, et en tira par les cheveux le fantôme pâle et défiguré de Thomas John, dont les lèvres livides s'entrouvrant avec peine laissèrent échapper ces mots : *Justo judicio Dei judicatus sum ; justo judicio Dei condemnatus sum.* (« Je suis jugé par un juste jugement de Dieu ; je suis condamné par un juste jugement de Dieu. »)

Saisi d'horreur, je jetai précipitamment la bourse que je tenais dans le gouffre, et m'écriai :

»So beschwör ich dich im Namen Gottes, Entsetzlicher! hebe dich von dannen und lasse dich nie wieder vor meinen Augen blicken!«

Er erhub sich finster und verschwand sogleich hinter den Felsenmassen, die den wild bewachsenen Ort begrenzten. ◆

« Je t'en conjure, au nom de Dieu, misérable, éloigne-toi d'ici, et ne reparais jamais devant mes yeux. »

Il se leva aussitôt, d'un air sombre et sinistre, et disparut parmi les rochers qui formaient l'enceinte de ce lieu sauvage. ■

IX

Ich saß da ohne Schatten und ohne Geld; aber ein
schweres Gewicht war von meiner Brust genommen, ich
war heiter. Hätte ich nicht auch meine Liebe verloren,
oder hätt ich mich nur bei deren Verlust vorwurfsfrei
gefühlt, ich glaube, ich hätte glücklich sein können – ich
wußte aber nicht, was ich anfangen sollte. Ich durchsuchte
meine Taschen und fand noch einige Goldstücke darin;
ich zählte sie und lachte. – Ich hatte meine Pferde unten
im Wirtshause, ich schämte mich, dahin zurückzukehren,
ich mußte wenigstens den Untergang der Sonne erwarten; sie stand noch hoch am Himmel. Ich legte mich in
den Schatten der nächsten Bäume und schlief ruhig ein.

Anmutige Bilder verwoben sich mir im luftigen Tanze
zu einem gefälligen Traum. Mina, einen Blumenkranz in
den Haaren, schwebte an mir vorüber, und lächelte mich
freundlich an. Auch der ehrliche Bendel war mit Blumen
bekränzt, und eilte mit freundlichem Gruße vorüber.

IX

Je me trouvais donc sans ombre et sans argent, mais ma poitrine était soulagée du fardeau qui l'avait oppressée, et je respirais librement. Si je n'avais pas perdu mon amour, ou si dans cette perte je m'étais cru sans reproches, je crois que j'aurais été heureux. Cependant je ne savais que faire, et j'ignorais ce que j'allais devenir. Je visitai d'abord mes poches, où je trouvai encore quelques pièces d'or ; je les comptai, et je me mis à rire. J'avais laissé mes chevaux dans la vallée, à l'auberge prochaine, mais j'avais honte d'y retourner. Au moins fallait-il pour cela attendre le coucher du soleil, et il était à peine à son midi. Je m'étendis à l'ombre d'un arbre, et je m'endormis profondément.

À travers le tissu diaphane d'un songe délicieux, je vis groupées autour de moi les plus riantes images. Je vis Mina couronnée de fleurs s'approcher, me sourire, se pencher vers moi, et glisser comme sur les ailes du zéphyr. L'honnête Bendel, le front radieux, passa devant moi, et me tendit la main.

Viele sah ich noch, und wie mich dünkt, auch Dich, Chamisso, im fernen Gewühl; ein helles Licht schien, es hatte aber keiner einen Schatten, und was seltsamer ist, es sah nicht übel aus, – Blumen und Lieder, Liebe und Freude, unter Palmenhainen. – – Ich konnte die beweglichen, leicht verwehten, lieblichen Gestalten weder festhalten noch deuten; aber ich weiß, daß ich gerne solchen Traum träumte und mich vor dem Erwachen in acht nahm; ich wachte wirklich schon, und hielt noch die Augen zu, um die weichenden Erscheinungen länger vor meiner Seele zu behalten.

Ich öffnete endlich die Augen, die Sonne stand noch am Himmel, aber im Osten; ich hatte die Nacht verschlafen. Ich nahm es für ein Zeichen, daß ich nicht nach dem Wirtshause zurückkehren sollte. Ich gab leicht, was ich dort noch besaß, verloren, und beschloß, eine Nebenstraße, die durch den waldbewachsenen Fuß des Gebirges führte, zu Fuß einzuschlagen, dem Schicksal es anheim stellend, was es mit mir vorhatte, zu erfüllen. Ich schaute nicht hinter mich zurück, und dachte auch nicht daran, an Bendel, den ich reich zurückgelassen hatte, mich zu wenden, welches ich allerdings gekonnt hätte.

Ich sah mich an auf den neuen Charakter, den ich in der Welt bekleiden sollte: mein Anzug war sehr bescheiden. Ich hatte eine alte schwarze Kurtka an, die ich schon in Berlin getragen, und die mir, ich weiß nicht wie,

De nombreux groupes semblaient former dans le lointain des danses légères. Je reconnus plusieurs personnes ; je crus te reconnaître toi-même, mon cher Adelbert. Une vive lumière éclairait le paysage ; cependant personne n'avait d'ombre, et ce qu'il y avait de plus extraordinaire, c'est que cela n'avait rien de choquant. Des chants retentissaient sous des bosquets de palmiers, tout respirait le bonheur. Je ne pouvais fixer toutes ces images fugitives, je ne pouvais même les comprendre ; mais leur vue me remplissait d'une douce émotion, et je sentais que ce rêve m'enchantait. J'aurais voulu qu'il durât toujours, et en effet, longtemps après m'être réveillé, je tenais encore les yeux fermés, comme pour en retenir l'impression dans mon âme.

J'ouvris enfin les yeux. Le soleil était encore au ciel, mais du côté de l'orient ; j'avais dormi le reste du jour précédent et la nuit tout entière. Il me sembla que ce fût un avertissement de ne plus retourner à mon auberge. J'abandonnai sans regret tout ce que j'y possédais encore, et je résolus de suivre à pied le sentier qui, à travers de vastes forêts, serpentait sur les flancs de la montagne. Je m'abandonnai à mon destin, sans regarder en arrière, et je n'eus pas même la pensée de m'adresser à Bendel, que j'avais laissé riche, et sur lequel j'aurais pu compter dans ma détresse.

Je me considérai sous le rapport du nouveau rôle que j'allais avoir à jouer. Mon habillement était très modeste ; j'étais vêtu d'une vieille kourtke noire, que j'avais portée jadis à Berlin, et qui, je ne sais comment,

zu dieser Reise erst wieder in die Hand gekommen war. Ich hatte sonst eine Reisemütze auf dem Kopf und ein Paar alte Stiefeln an den Füßen. Ich erhob mich, schnitt mir an selbiger Stelle einen Knotenstock zum Andenken, und trat sogleich meine Wanderung an.

Ich begegnete im Wald einem alten Bauer, der mich freundlich begrüßte, und mit dem ich mich in Gespräch einließ. Ich erkundigte mich, wie ein wißbegieriger Reisender, erst nach dem Wege, dann nach der Gegend und deren Bewohnern, den Erzeugnissen des Gebirges und derlei mehr. Er antwortete verständig und redselig auf meine Fragen. Wir kamen an das Bette eines Bergstromes, der über einen weiten Strich des Waldes seine Verwüstung verbreitet hatte. Mich schauderte innerlich vor dem sonnenhellen Raum; ich ließ den Landmann vorangehen. Er hielt aber mitten im gefährlichen Orte still und wandte sich zu mir, um mir die Geschichte dieser Verwüstung zu erzählen. Er bemerkte bald, was mir fehlte, und hielt mitten in seiner Rede ein:

»Aber wie geht denn das zu, der Herr hat ja keinen Schatten!«

»Leider! leider!« erwiderte ich seufzend. »Es sind mir während einer bösen langen Krankheit, Haare, Nägel und Schatten ausgegangen. Seht, Vater, in meinem Alter, die Haare, die ich wieder gekriegt habe, ganz weiß, die Nägel sehr kurz, und der Schatten, der will noch nicht wieder wachsen.«

m'était tombée sous la main le jour où j'avais quitté les bains. J'avais un bonnet de voyage sur la tête, et une paire de vieilles bottes à mes pieds. Je me levai, coupai un bâton d'épines à la place même où j'étais, en mémoire de ce qui s'y était passé, et je me mis sur-le-champ en route.

Je rencontrai dans la forêt un vieux paysan, qui me salua cordialement ; je liai conversation avec lui. Je m'informai, comme le fait un voyageur curieux et à pied, d'abord du chemin, ensuite de la contrée et de ses habitants ; enfin, des diverses productions de ces montagnes. Il répondit à toutes mes questions en bon villageois et avec détail. Nous arrivâmes au lit d'un torrent qui avait ravagé une assez vaste étendue de la forêt. Ce large espace éclairé par le soleil me fit frissonner intérieurement. Je laissai mon compagnon passer devant moi, mais il s'arrêta au milieu de cette dangereuse traversée, et se retourna vers moi, pour me raconter l'histoire et la date du débordement dont nous voyions les traces. Il s'aperçut bientôt de ce qui me manquait, et s'interrompant dans sa narration :

« Comment donc ? dit-il. Monsieur n'a point d'ombre ?

— Hélas ! non, répondis-je en gémissant ; je l'ai perdue, ainsi que mes cheveux et mes ongles, dans une longue et cruelle maladie. Voyez, brave homme, à mon âge, quels sont les cheveux qui me sont revenus : ils sont tout blancs ; mes ongles sont encore courts, et pour mon ombre, elle ne veut pas repousser. »

»Ei! ei!« versetzte der alte Mann kopfschüttelnd, »keinen Schatten, das ist bös! das war eine böse Krankheit, die der Herr gehabt hat.«

Aber er hub seine Erzählung nicht wieder an, und bei dem nächsten Querweg, der sich darbot, ging er, ohne ein Wort zu sagen, von mir ab. – Bittere Tränen zitterten aufs neue auf meinen Wangen, und meine Heiterkeit war hin.

Ich setzte traurigen Herzens meinen Weg fort und suchte ferner keines Menschen Gesellschaft. Ich hielt mich im dunkelsten Walde, und mußte manchmal, um über einen Strich, wo die Sonne schien, zu kommen, stundenlang darauf warten, daß mir keines Menschen Auge den Durchgang verbot. Am Abend suchte ich Herberge in den Dörfern zu nehmen. Ich ging eigentlich nach einem Bergwerk im Gebirge, wo ich Arbeit unter der Erde zu finden gedachte; denn, davon abgesehen, daß meine jetzige Lage mir gebot, für meinen Lebensunterhalt selbst zu sorgen, hatte ich dieses wohl erkannt, daß mich allein angestrengte Arbeit gegen meine zerstörenden Gedanken schützen könnte.

Ein paar regnichte Tage förderten mich leicht auf dem Weg, aber auf Kosten meiner Stiefel, deren Sohlen für den Grafen Peter, und nicht für den Fußknecht berechnet worden. Ich ging schon auf den bloßen Füßen. Ich mußte ein Paar neue Stiefel anschaffen. Am nächsten Morgen

Il secoua la tête en fronçant le sourcil, et répéta : « Point d'ombre ! point d'ombre ! cela ne vaut rien, c'est une mauvaise maladie que Monsieur a eue là. »

Il ne reprit pas le récit qu'il avait interrompu, et il me quitta sans rien dire, au premier carrefour qui se présenta. Mon cœur se gonfla de nouveau, de nouvelles larmes coulèrent le long de mes joues. C'en était fait de ma sérénité.

Je poursuivis tristement ma route, et je ne désirai désormais aucune société ; je me tenais tout le jour dans l'épaisseur des bois, et, lorsque j'avais à traverser quelque lieu découvert, j'attendais qu'aucun regard ne pût m'y surprendre. Je cherchais, le soir, à m'approcher des villages où je voulais passer la nuit. Je me dirigeais sur des mines situées dans ces montagnes, où j'espérais obtenir du travail sous terre. Il fallait, dans ma situation présente, songer à ma subsistance ; il fallait surtout, et je l'avais clairement reconnu, chercher dans un travail forcé quelque relâche aux sinistres pensées qui dévoraient mon âme.

Deux journées de marche par un temps pluvieux, où je n'avais pas le soleil à craindre, m'avancèrent beaucoup sur ma route, mais ce fut aux dépens de mes bottes, qui dataient du temps du comte Pierre, et n'avaient pas été faites pour voyager à pied dans les montagnes. Je marchais à pieds nus ; il fallait renouveler mes chaussures. Le matin du jour suivant,

besorgte ich dieses Geschäft mit vielem Ernst in einem
Flecken, wo Kirmeß war, und wo in einer Bude alte und
neue Stiefel zu Kauf standen. Ich wählte und handelte
lange. Ich mußte auf ein Paar neue, die ich gern gehabt
hätte, Verzicht leisten; mich schreckte die unbillige
Forderung. Ich begnügte mich also mit alten, die noch
gut und stark waren, und die mir der schöne blondlockige
Knabe, der die Bude hielt, gegen gleich bare Bezahlung,
freundlich lächelnd einhändigte, indem er mir Glück
auf den Weg wünschte. Ich zog sie gleich an und ging
zum nördlich gelegenen Tor aus dem Ort.

Ich war in meinen Gedanken sehr vertieft, und sah
kaum, wo ich den Fuß hinsetzte, denn ich dachte an
das Bergwerk, wo ich auf den Abend noch anzulangen
hoffte, und wo ich nicht recht wußte, wie ich mich
ankündigen sollte.

Ich war noch keine zweihundert Schritte gegangen,
als ich bemerkte, daß ich aus dem Wege gekommen
war; ich sah mich danach um, ich befand mich in einem
wüsten, uralten Tannenwalde, woran die Axt nie gelegt
worden zu sein schien. Ich drang noch einige Schritte
vor, ich sah mich mitten unter öden Felsen, die nur
mit Moos und Steinbrecharten bewachsen waren,
und zwischen welchen Schnee- und Eisfelder lagen.
Die Luft war sehr kalt, ich sah mich um, der Wald
war hinter mir verschwunden. Ich machte noch einige
Schritte – um mich herrschte die Stille des Todes,

le ciel étant encore couvert, j'entrai, pour m'occuper de cette affaire importante, dans un bourg où l'on tenait foire, et je m'arrêtai devant une boutique où des chaussures vieilles et neuves étaient étalées. Je marchandai une paire de bottes neuves qui me convenaient parfaitement ; mais le prix exorbitant que l'on en demandait m'obligea d'y renoncer. Je me rabattis sur d'autres déjà portées, qui paraissaient encore bonnes et très fortes ; je conclus le marché. Le jeune garçon qui tenait la boutique, et dont une longue chevelure blonde ombrageait la belle figure, les remit entre mes mains, après en avoir reçu le paiement, et me souhaita d'un air gracieux un bon voyage. Je me chaussai de ma nouvelle emplette, et je sortis du bourg, dont la porte s'ouvrait du côté du nord.

Absorbé dans mes pensées, je regardais à peine à mes pieds ; je songeais aux mines, où j'espérais arriver le soir même, et où je ne savais trop comment me présenter.

Je n'avais pas encore fait deux cents pas, lorsque je m'aperçus que je n'étais plus dans le chemin ; je le cherchai des yeux. Je me trouvais au milieu d'une antique forêt de sapins, dont la cognée semblait n'avoir jamais approché. Je pénétrai plus avant ; je ne vis plus autour de moi que des rochers stériles, dont une mousse jaunâtre et aride revêtait la base, et dont les sommets étaient couronnés de glaces et de neiges. L'air était extrêmement froid. Je regardai derrière moi ; la forêt avait disparu. Je fis encore quelques pas ; le silence de la mort m'environnait.

unabsehbar dehnte sich das Eis, worauf ich stand, und worauf ein dichter Nebel schwer ruhte; die Sonne stand blutig am Rande des Horizontes. Die Kälte war unerträglich. Ich wußte nicht, wie mir geschehen war, der erstarrende Frost zwang mich, meine Schritte zu beschleunigen, ich vernahm nur das Gebrause ferner Gewässer, ein Schritt, und ich war am Eisufer eines Ozeans. Unzählbare Herden von Seehunden stürzten sich vor mir rauschend in die Flut. Ich folgte diesem Ufer, ich sah wieder nackte Felsen, Land, Birken- und Tannenwälder, ich lief noch ein paar Minuten gerade vor mir hin. Es war erstickend heiß, ich sah mich um, ich stand zwischen schön gebauten Reisfeldern unter Maulbeerbäumen. Ich setzte mich in deren Schatten, ich sah nach meiner Uhr, ich hatte vor nicht einer Viertelstunde den Marktflecken verlassen, – ich glaubte zu träumen, ich biß mich in die Zunge, um mich zu erwecken; aber ich wachte wirklich. – Ich schloß die Augen zu, um meine Gedanken zusammen zu fassen. – Ich hörte vor mir seltsame Sylben durch die Nase zählen; ich blickte auf: zwei Chinesen, an der asiatischen Gesichtsbildung unverkennbar, wenn ich auch ihrer Kleidung keinen Glauben beimessen wollte, redeten mich mit landesüblichen Begrüßungen in ihrer Sprache an; ich stand auf und trat zwei Schritte zurück. Ich sah sie nicht mehr, die Landschaft war ganz verändert: Bäume, Wälder, statt der Reisfelder. Ich betrachtete diese Bäume und die Kräuter, die um mich blühten; die ich kannte, waren südöstlich asiatische Gewächse;

Je me trouvai sur un champ de glace, qui s'étendait à perte de vue autour de moi. L'air était épais ; le soleil se montrait sanglant à l'horizon. Je ne comprenais rien à ce qui m'arrivait. Le froid qui me gelait me força de hâter ma marche. J'entendis le bruissement éloigné des flots ; encore un pas, et je fus aux bords glacés d'un immense océan ; et devant moi des troupeaux innombrables de phoques se précipitèrent en rugissant dans les eaux. Je voulus suivre cette rive ; je revis des rochers, des forêts de bouleaux et de sapins, — des déserts. Je continuai un instant à courir ; la chaleur devint étouffante. Je regardai autour de moi ; j'étais au milieu de rizières et de riches cultures. Je m'assis sous l'ombre d'une plantation de mûriers ; je tirai ma montre ; il n'y avait pas un quart d'heure que j'étais sorti du bourg. Je croyais rêver ; je me mordis la langue pour m'éveiller, mais je ne dormais pas. Je fermai les yeux pour rassembler mes idées. Les syllabes d'un langage qui m'était tout à fait inconnu frappèrent mon oreille. Je levai les yeux : deux Chinois (la coupe asiatique de leur visage me forçait d'ajouter foi à leur costume), deux Chinois m'adressaient la parole avec les génuflexions usitées dans leur pays. Je me levai et reculai de deux pas ; je ne les revis plus : le paysage avait changé, des bois avaient remplacé les rizières. Je considérai les arbres voisins ; je crus reconnaître des productions de l'Asie et des Indes orientales.

ich wollte auf den einen Baum zugehen, ein Schritt –
und wiederum alles verändert. Ich trat nun an, wie ein
Rekrut, der geübt wird, und schritt langsam, gesetzt
einher. Wunderbar veränderliche Länder, Fluren, Auen,
Gebirge, Steppen, Sandwüsten, entrollen sich vor
meinem staunenden Blick: es war kein Zweifel, ich hatte
Siebenmeilenstiefel an den Füßen. ◆

Je voulus m'approcher d'un de ces arbres ; — une jambe en avant, et tout avait encore changé. Alors je me mis à marcher à pas comptés, comme une recrue que l'on exerce, regardant avec admiration autour de moi. De fertiles plaines, de brûlants déserts de sable, des savanes, des forêts, des montagnes couvertes de neiges, se déroulaient successivement et rapidement à mes regards étonnés. Je n'en pouvais plus douter, j'avais à mes pieds des bottes de sept lieues. ■

X

Ich fiel in stummer Andacht auf meine Knie und ver-goß Tränen des Dankes – denn klar stand plötzlich meine Zukunft vor meiner Seele. Durch frühe Schuld von der menschlichen Gesellschaft ausgeschlossen, ward ich zum Ersatz an die Natur, die ich stets geliebt, gewiesen, die Erde mir zu einem reichen Garten gegeben, das Studium zur Richtung und Kraft meines Lebens, zu ihrem Ziel die Wissenschaft. Es war nicht ein Entschluß, den ich faßte. Ich habe nur seitdem, was da hell und vollendet im Urbild vor mein inneres Auge trat, getreu mit stillem, strengen, unausgesetzten Fleiß darzustellen gesucht, und meine Selbstzufriedenheit hat von dem Zusammenfallen des Dargestellten mit dem Urbild abgehangen.

Ich raffte mich auf, um ohne Zögern mit flüchtigem Überblick Besitz von dem Felde zu nehmen, wo ich künftig ernten wollte. – Ich stand auf den Höhen des Tibet, und die Sonne, die mir vor wenigen Stunden aufgegangen war, neigte sich hier schon am Abendhimmel,

X

Un vif et profond sentiment de piété me fit tomber à genoux, et des larmes de reconnaissance coulèrent de mes yeux. Un avenir nouveau se révélait à moi. J'allais, dans le sein de la nature que j'avais toujours chérie, me dédommager de la société des hommes, dont j'étais exclu par ma faute ; toute la terre s'ouvrait devant mes yeux comme un jardin ; l'étude allait être le mouvement et la force de ma vie, dont la science devenait le but. Je n'ai fait depuis ce jour que travailler, avec zèle et persévérance, à réaliser cette inspiration ; et le degré auquel j'ai approché de l'idéal a constamment été la mesure de ma propre satisfaction.

Je me levai aussitôt pour prendre d'un premier regard possession du vaste champ où je me préparais à moissonner. Je me trouvais sur le haut plateau de l'Asie, et le soleil, qui peu d'heures auparavant s'était levé pour moi, s'inclinait vers son couchant.

ich durchwanderte Asien von Osten gegen Westen, sie
in ihrem Lauf einholend, und trat in Afrika ein. Ich sah
mich neugierig darin um, indem ich es wiederholt in allen
Richtungen durchmaß. Wie ich durch Ägypten die alten
Pyramiden und Tempel angaffte, erblickte ich in der
Wüste, unfern des hunderttorigen Theben, die Höhlen, wo
christliche Einsiedler sonst wohnten. Es stand plötzlich
fest und klar in mir, hier ist dein Haus. – Ich erkor eine
der verborgensten, die zugleich geräumig, bequem und
den Schakalen unzugänglich war, zu meinem künftigen
Aufenthalte, und setzte meinen Stab weiter.

Ich trat bei den Herkules-Säulen nach Europa
über, und nachdem ich seine südlichen und nördlichen
Provinzen in Augenschein genommen, trat ich von
Nordasien über den Polarglätscher nach Grönland und
Amerika über, durchschweifte die beiden Teile dieses
Kontinents, und der Winter, der schon im Süden herrschte,
trieb mich schnell vom Kap Horn nordwärts zurück.

Ich verweilte mich, bis es im östlichen Asien Tag wurde,
und setzte erst nach einiger Ruh meine Wanderung fort.
Ich verfolgte durch beide Amerika die Bergkette, die
die höchsten bekannten Unebenheiten unserer Kugel in
sich faßt. Ich schritt langsam und vorsichtig von Gipfel
zu Gipfel, bald über flammende Vulkane, bald über
beschneite Kuppeln, oft mit Mühe atmend, ich erreichte
den Eliasberg, und sprang über die Beringstraße
nach Asien. – Ich verfolgte dessen westliche Küsten

Je devançai sa course en traversant l'Asie d'orient en occident ; j'entrai en Afrique par l'isthme de Suez, et je parcourus en différents sens ce continent, dont chaque partie excitait ma curiosité. Passant en revue les antiques monuments de l'Égypte, j'aperçus près de Thèbes aux cent portes les grottes du désert qu'habitèrent autrefois de pieux solitaires, et je me dis aussitôt : « Ici sera ma demeure. » Je choisis pour ma future habitation l'une des plus retirées, qui était à la fois spacieuse, commode et inaccessible aux chacals, et je poursuivis ma course.

J'entrai en Europe par les colonnes d'Hercule, et, après en avoir regardé les diverses provinces, je passai du nord de l'Asie sur les glaces polaires, et gagnai le Groenland et l'Amérique. Je parcourus les deux parties du nouveau monde, et l'hiver qui régnait dans le sud me fit promptement retourner du cap Horn vers les tropiques.

Je m'arrêtai jusqu'à ce que le jour se levât sur l'orient de l'Asie, et repris ma course après quelque repos. Je suivis du sud au nord des deux Amériques la haute chaîne de montagnes qui en forme l'arête. Je marchais avec précaution, d'un sommet à un autre, sur des glaces éternelles et au milieu des feux que vomissaient les volcans ; souvent j'avais peine à respirer. Je cherchai le détroit de Béring et repassai en Asie. J'en suivis la côte orientale

in ihren vielfachen Wendungen, und untersuchte mit besonderer Aufmerksamkeit, welche der dort gelegenen Inseln mir zugänglich wären.

Von der Halbinsel Malakka trugen mich meine Stiefel auf Sumatra, Java, Bali und Lamboc, ich versuchte, selbst oft mit Gefahr, und dennoch immer vergebens, mir über die kleinern Inseln und Felsen, wovon dieses Meer starrt, einen Übergang nordwestlich nach Borneo und andern Inseln dieses Archipelagus zu bahnen. Ich mußte die Hoffnung aufgeben. Ich setzte mich endlich auf die äußerste Spitze von Lamboc nieder, und das Gesicht gegen Süden und Osten gewendet, weint ich wie am festverschlossenen Gitter meines Kerkers, daß ich doch so bald meine Begrenzung gefunden. Das merkwürdige, zum Verständnis der Erde und ihres sonnengewirkten Kleides, der Pflanzen- und Tierwelt, so wesentlich notwendige Neuholland und die Südsee mit ihren Zoophyten-Inseln waren mir untersagt, und so war, im Ursprunge schon, alles, was ich sammeln und erbauen sollte, bloßes Fragment zu bleiben verdammt. – O mein Adelbert, was ist es doch um die Bemühungen der Menschen!

Oft habe ich im strengsten Winter der südlichen Halbkugel vom Kap Horn aus jene zweihundert Schritte, die mich etwa vom Land van Diemen und Neuholland trennten, selbst unbekümmert um die Rückkehr,

dans toutes ses sinuosités, examinant avec attention quelles seraient celles des îles voisines qui pourraient m'être accessibles.

De la presqu'île de Malacca mes bottes me portèrent sur les îles jusqu'à celle de Lamboc. Je m'efforçai, non sans m'exposer à de grands dangers, de me frayer, au travers des roches et des écueils dont ces mers sont remplies, une route vers Bornéo, et puis vers la Nouvelle-Hollande : il fallut y renoncer. Je m'assis enfin sur le promontoire le plus avancé de l'île que j'avais pu atteindre, et, tournant mes regards vers cette partie du monde qui m'était interdite, je me mis à pleurer, comme devant la grille d'un cachot, d'avoir sitôt rencontré les bornes qui m'étaient prescrites. En effet la portion de la terre la plus nécessaire à l'intelligence de l'ensemble m'était fermée, et je voyais dès l'abord le fruit de mes travaux réduit à de simples fragments. Ô mon cher Adelbert, qu'est-ce donc que toute l'activité des hommes ?

Souvent au fort de l'hiver austral, m'élançant du cap Horn, bravant le froid, la mer et les tempêtes, je me suis risqué, avec une audace téméraire, sur des glaces flottantes, et j'ai cherché à m'ouvrir par le glacier polaire un passage vers la Nouvelle-Hollande, même sans m'inquiéter du retour,

und sollte sich dieses schlechte Land über mich, wie der
Deckel meines Sarges, schließen, über den Polarglätscher
westwärts zurück zu legen versucht, habe über Treibeis
mit törichter Wagnis verzweiflungsvolle Schritte getan,
der Kälte und dem Meere Trotz geboten. Umsonst, noch
bin ich auf Neuholland nicht gewesen – ich kam dann
jedesmal auf Lamboc zurück und setzte mich auf seine
äußerste Spitze nieder, und weinte wieder, das Gesicht gen
Süden und Osten gewendet, wie am fest verschlossenen
Gitter meines Kerkers.

Ich riß mich endlich von dieser Stelle, und trat mit
traurigem Herzen wieder in das innere Asien, ich
durchschweifte es fürder, die Morgendämmerung nach
Westen verfolgend, und kam noch in der Nacht in die
Thebais zu meinem vorbestimmten Hause, das ich in
den gestrigen Nachmittagsstunden berührt hatte.

Sobald ich etwas ausgeruht und es Tag über Europa
war, ließ ich meine erste Sorge sein, alles anzuschaffen,
was ich bedurfte. – Zuvörderst Hemmschuhe, denn ich
hatte erfahren, wie unbequem es sei, seinen Schritt nicht
anders verkürzen zu können, um nahe Gegenstände
gemächlich zu untersuchen, als indem man die Stiefel
auszieht. Ein Paar Pantoffeln, übergezogen, hatten
völlig die Wirkung, die ich mir davon versprach,
und späterhin trug ich sogar deren immer zwei Paar
bei mir, weil ich öfters welche von den Füßen warf,
ohne Zeit zu haben, sie aufzuheben, wenn Löwen,

et dût ce pays affreux se refermer sur moi comme mon tombeau. Mais en vain : mes yeux n'ont point encore vu la Nouvelle-Hollande. Après ces tentatives infructueuses, je revenais toujours au promontoire de Lamboc, où, m'asseyant la face tournée vers le levant ou le midi, je pleurais mon impuissance.

Enfin, je m'arrachai de ce lieu, et, le cœur plein de tristesse, je rentrai dans l'intérieur de l'Asie. J'en parcourus les parties que je n'avais pas encore visitées, et je m'avançai vers l'occident en devançant l'aurore. J'étais avant le jour dans la Thébaïde, à la grotte que j'avais marquée la veille pour mon habitation.

Dès que j'eus pris quelque repos, et que le jour éclaira l'Europe, je songeai à me procurer tout ce qui m'était nécessaire. D'abord il fallut songer au moyen d'enrayer ma chaussure vagabonde ; car j'avais éprouvé combien il était incommode d'être obligé de l'ôter chaque fois que je voulais raccourcir le pas, ou examiner à loisir quelque objet voisin. Des pantoufles que je mettais par dessus mes bottes produisirent exactement l'effet que je m'en étais promis, et je m'accoutumai plus tard à en avoir toujours deux paires sur moi, parce qu'il m'arrivait souvent d'en jeter une, sans avoir le temps de la ramasser, quand des lions,

Menschen oder Hyänen mich beim Botanisieren aufschreckten. Meine sehr gute Uhr war auf die kurze Dauer meiner Gänge ein vortreffliches Kronometer. Ich brauchte noch außerdem einen Sextanten, einige physikalische Instrumente und Bücher.

Ich machte, dieses alles herbei zu schaffen, etliche bange Gänge nach London und Paris, die ein mir günstiger Nebel eben beschattete. Als der Rest meines Zaubergoldes erschöpft war, bracht ich leicht zu findendes afrikanisches Elfenbein als Bezahlung herbei, wobei ich freilich die kleinsten Zähne, die meine Kräfte nicht überstiegen, auswählen mußte. Ich ward bald mit allem versehen und ausgerüstet, und ich fing sogleich als privatisierender Gelehrter meine neue Lebensweise an.

Ich streifte auf der Erde umher, bald ihre Höhen, bald die Temperatur ihrer Quellen und die der Luft messend, bald Tiere beobachtend, bald Gewächse untersuchend; ich eilte von dem Äquator nach dem Pole, von der einen Welt nach der andern; Erfahrungen mit Erfahrungen vergleichend. Die Eier der afrikanischen Strauße oder der nördlichen Seevögel und Früchte, besonders der Tropen-Palmen und Bananen, waren meine gewöhnlichste Nahrung. Für mangelndes Glück hatt ich als Surrogat die Nicotiana, und für menschliche Teilnahme und Bande der Liebe eines treuen Pudels, der mir meine Höhle in der Thebais bewachte, und wenn ich mit neuen Schätzen beladen zu ihm zurückkehrte, freudig an mich sprang, und es mich doch menschlich empfinden ließ, daß ich nicht allein auf der Erde sei.

des hommes ou des ours m'interrompaient dans mes travaux, et me forçaient à fuir. Ma montre, qui était excellente, pouvait, dans mes courses rapides, me servir de chronomètre. J'avais encore besoin d'un sextant, de quelques instruments de physique et de quelques livres.

Je fis pour acquérir tout cela quelques courses dangereuses à Paris et à Londres. Un ciel couvert me favorisa. Quand le reste de mon or fut épuisé, j'apportai en paiement des dents d'éléphant, que j'allai chercher dans les déserts de l'Afrique, choisissant celles dont le poids n'excédait pas mes forces. Je fus bientôt pourvu de tout ce qu'il me fallait, et je commençai mon nouveau genre de vie.

Je parcourais incessamment la terre en mesurant les hauteurs, en interrogeant les sources, en étudiant l'atmosphère. Tantôt j'observais des animaux, tantôt je recueillais des plantes ou des échantillons de roches. Je courais des tropiques aux pôles, d'un continent à l'autre, répétant ou variant mes expériences, rapprochant les productions des régions les plus éloignées, et jamais ne me lassant de comparer. Les œufs des autruches de l'Afrique et ceux des oiseaux de mer des côtes du nord formaient, avec les fruits des tropiques, ma nourriture accoutumée. — La nicotiana adoucissait mon sort, et l'amour de mon fidèle barbet remplaçait pour moi les doux liens auxquels je ne pouvais plus prétendre. Quand, chargé de nouveaux trésors, je revenais vers ma demeure, ses bonds joyeux et ses caresses me faisaient encore doucement sentir que je n'étais pas seul dans le monde.

Noch sollte mich ein Abenteuer unter die Menschen
zurückführen. ◆

08:20

Il fallait l'aventure que je vais raconter pour me rejeter parmi les hommes. ∎

XI

Als ich einst auf Nordlands Küsten, meine Stiefel gehemmt, Flechten und Algen sammelte, trat mir unversehens um die Ecke eines Felsens ein Eisbär entgegen. Ich wollte, nach weggeworfenen Pantoffeln, auf eine gegenüber liegende Insel treten, zu der mir ein dazwischen aus den Wellen hervorragender nackter Felsen den Übergang bahnte. Ich trat mit dem einen Fuß auf den Felsen fest auf, und stürzte auf der andern Seite in das Meer, weil mir unbemerkt der Pantoffel am anderen Fuß haften geblieben war.

Die große Kälte ergriff mich, ich rettete mit Mühe mein Leben aus dieser Gefahr; sobald ich Land hielt, lief ich, so schnell ich konnte, nach der Libyschen Wüste, um mich da an der Sonne zu trocknen. Wie ich ihr aber ausgesetzt war, brannte sie mir so heiß auf den Kopf, daß ich sehr krank wieder nach Norden taumelte. Ich suchte durch heftige Bewegung mir Erleichterung zu verschaffen,

XI

Un jour que, sur les côtes de Norvège, mes pantoufles à mes pieds, je recueillais des lichens et des algues, je rencontrai au détour d'une falaise un ours blanc, qui se mit en devoir de m'attaquer. Je voulus pour l'éviter jeter mes pantoufles et passer sur une île éloignée, qu'une pointe de rocher à fleur d'eau, s'élevant dans l'intervalle, me donnait la facilité d'atteindre. Je plaçai bien le pied droit sur ce récif, mais je me précipitai de l'autre côté dans la mer, parce que ma pantoufle gauche était, par mégarde, restée à mon pied.

Le froid excessif de l'eau me saisit, et j'eus peine à me sauver du danger imminent que je courais. Dès que j'eus gagné terre, je courus au plus vite vers les déserts de la Libye, pour m'y sécher au soleil. Mais ses rayons brûlants, auxquels je m'étais inconsidérément exposé, m'incommodèrent en me donnant à plomb sur la tête. Je me rejetai d'un pas mal assuré vers le nord ; puis, cherchant par un exercice violent à me procurer quelque soulagement,

und lief mit unsichern raschen Schritten von Westen nach Osten und von Osten nach Westen. Ich befand mich bald in dem Tag und bald in der Nacht; bald im Sommer und bald in der Winterkälte.

Ich weiß nicht, wie lange ich mich so auf der Erde herumtaumelte. Ein brennendes Fieber glühte durch meine Adern, ich fühlte mit großer Angst die Besinnung mich verlassen. Noch wollte das Unglück, daß ich bei so unvorsichtigem Laufen jemanden auf den Fuß trat. Ich mochte ihm weh getan haben; ich erhielt einen starken Stoß und ich fiel hin.

Als ich zuerst zum Bewußtsein zurückkehrte, lag ich gemächlich in einem guten Bette, das unter vielen andern Betten in einem geräumigen und schönen Saale stand. Es saß mir jemand zu Häupten; es gingen Menschen durch den Saal von einem Bette zum andern. Sie kamen vor das meine und unterhielten sich von mir. Sie nannten mich aber *Numero Zwölf,* und an der Wand zu meinen Füßen stand doch ganz gewiß, es war keine Täuschung, ich konnte es deutlich lesen, auf schwarzer Marmortafel mit großen goldenen Buchstaben mein Name

PETER SCHLEMIHL

ganz richtig geschrieben. Auf der Tafel standen noch unter meinem Namen zwei Reihen Buchstaben, ich war aber zu schwach, um sie zusammen zu bringen, ich machte die Augen wieder zu.

je me mis à courir de toutes mes forces d'orient en occident, et d'occident en orient. Je passais incessamment du jour à la nuit et de la nuit au jour, et chancelais du nord au sud et du sud au nord, à travers tous les climats divers.

Je ne sais combien de temps je roulai ainsi d'un côté du monde à l'autre. Une fièvre ardente embrasait mon sang. Je sentais, avec la plus extrême anxiété, mes forces et ma raison m'abandonner. Le malheur voulut encore que dans cette course désordonnée je marchasse sur le pied de quelqu'un, à qui sans doute je fis mal. Je me sentis frapper, je tombai à terre, et je perdis connaissance.

J'étais, lorsque je revins à moi, mollement couché dans un bon lit, qui se trouvait au milieu de plusieurs autres, dans une salle vaste et d'une extrême propreté. Une personne était à mon chevet, d'autres se promenaient dans la salle allant d'un lit à l'autre. Elles vinrent au mien et s'entretinrent de moi. Elles ne me nommaient que numéro douze, et cependant sur une table de marbre noir, fixée au mur en face de moi, était écrit bien distinctement mon nom :

PETER SCHLEMIHL

en grosses lettres d'or. Je ne me trompais pas, ce n'était pas une illusion, j'en comptais toutes les lettres. Au dessous de mon nom étaient encore deux lignes d'écriture, mais les caractères en étaient plus fins, et j'étais encore trop faible pour les assembler. Je refermai les yeux.

Ich hörte etwas, worin von Peter Schlemihl die Rede war, laut und vernehmlich ablesen, ich konnte aber den Sinn nicht fassen; ich sah einen freundlichen Mann und eine sehr schöne Frau in schwarzer Kleidung vor meinem Bette erscheinen. Die Gestalten waren mir nicht fremd und ich konnte sie nicht erkennen.

Es verging einige Zeit, und ich kam wieder zu Kräften. Ich hieß *Numero Zwölf*, und *Numero Zwölf* galt seines langen Bartes wegen für einen Juden, darum er aber nicht minder sorgfältig gepflegt wurde. Daß er keinen Schatten hatte, schien unbemerkt geblieben zu sein. Meine Stiefel befanden sich, wie man mich versicherte, nebst allem, was man bei mir gefunden, als ich hieher gebracht worden, in gutem und sicherm Gewahrsam, um mir nach meiner Genesung wieder zugestellt zu werden. Der Ort, worin ich krank lag, hieß das SCHLEMIHLIUM; was täglich von Peter Schlemihl abgelesen wurde, war eine Ermahnung, für denselben, als den Urheber und Wohltäter dieser Stiftung, zu beten. Der freundliche Mann, den ich an meinem Bette gesehen hatte, war Bendel, die schöne Frau war Mina.

Ich genas unerkannt im Schlemihlio, und erfuhr noch mehr, ich war in Bendels Vaterstadt, wo er aus dem Überrest meines sonst nicht gesegneten Goldes dieses Hospitium, wo Unglückliche mich segneten, unter meinem Namen gestiftet hatte, und er führte über dasselbe die Aufsicht. Mina war Witwe,

J'entendis prononcer distinctement et à haute voix un discours, dans lequel il était question de Peter Schlemihl, mais je n'en pouvais pas encore saisir le sens. Je vis un homme d'une figure affable et une très belle femme vêtue de noir s'approcher de mon lit. Leurs physionomies ne m'étaient point étrangères ; cependant, je ne pouvais pas encore les reconnaître.

Je repris des forces peu à peu ; je m'appelais numéro douze, et numéro douze passait pour un juif à cause de sa longue barbe, mais n'en était pas pour cela traité avec moins de soin ; on paraissait ignorer qu'il eût perdu son ombre. On conservait, me dit-on, mes bottes avec le reste des effets trouvés sur moi à mon entrée dans la maison, pour m'être scrupuleusement restitués à ma sortie. Cette maison, où l'on me soignait dans ma maladie, s'appelait *Schlemihlium.* Ce que j'entendais réciter tous les jours était une exhortation à prier Dieu pour Peter Schlemihl, fondateur et bienfaiteur de l'établissement. L'homme affable que j'avais vu près de mon lit était Bendel ; la dame en deuil était Mina.

Je me rétablis dans le Schlemihlium sans être reconnu, et je reçus différentes informations. J'étais dans la ville natale de Bendel, où, du reste de cet or, jadis maudit, il avait fondé sous mon nom cet hospice, dans lequel un grand nombre d'infortunés me bénissaient chaque jour. Il surveillait lui-même ce charitable établissement. Pour Mina, elle était veuve ;

ein unglücklicher Kriminal-Prozeß hatte dem Herrn
Rascal das Leben und ihr selbst ihr mehrstes Vermögen
gekostet. Ihre Eltern waren nicht mehr. Sie lebte hier
als eine gottesfürchtige Witwe, und übte Werke der
Barmherzigkeit.

Sie unterhielt sich einst am Bette Numero Zwölf
mit dem Herrn Bendel:

»Warum, edle Frau, wollen Sie sich so oft der bösen
Luft, die hier herrscht, aussetzen? Sollte denn das
Schicksal mit Ihnen so hart sein, daß Sie zu sterben
begehrten?«

»Nein, Herr Bendel, seit ich meinen langen Traum
ausgeträumt habe, und in mir selber erwacht bin, geht
es mir wohl, seitdem wünsche ich nicht mehr und
fürchte nicht mehr den Tod. Seitdem denke ich heiter
an Vergangenheit und Zukunft. Ist es nicht auch mit
stillem innerlichen Glück, daß Sie jetzt auf so gottselige
Weise Ihrem Herrn und Freunde dienen?«

»Sei Gott gedankt, ja, edle Frau. Es ist uns doch
wundersam ergangen, wir haben viel Wohl und bitteres
Weh unbedachtsam aus dem vollen Becher geschlürft.
Nun ist er leer; nun möchte einer meinen, das sei alles
nur die Probe gewesen, und, mit kluger Einsicht gerüstet,
den wirklichen Anfang erwarten. Ein anderer ist nun der
wirkliche Anfang, und man wünscht das erste Gaukelspiel
nicht zurück, und ist dennoch im ganzen froh, es, wie es
war, gelebt zu haben. Auch find ich in mir das Zutrauen,

un malheureux procès criminel avait coûté la vie à M. Rascal, et absorbé en même temps la plus grande partie de sa dot. Ses parents n'étaient plus, et elle vivait dans ce pays retirée du monde, et pratiquant les œuvres de miséricorde et de charité.

Elle s'entretenait un jour avec M. Bendel près du lit n° 12 :

— Pourquoi donc, Madame, lui dit-il, venez-vous si souvent vous exposer à l'air dangereux qui règne ici ? Votre sort est-il donc si amer que vous cherchiez la mort ?

— Non, mon respectable ami, rendue à moi-même, depuis que mes songes se sont dissipés, je suis satisfaite, et ne souhaite ni ne crains plus la mort. Je contemple avec une égale sérénité le passé et l'avenir ; et ne goûtez-vous pas vous-même une secrète félicité à servir aussi pieusement que vous le faites votre ancien maître et votre ami ?

— Oui, Madame, grâce à Dieu. Quelle a été notre destinée ! nous avons inconsidérément, et sans y réfléchir, épuisé toutes les joies et toutes les douleurs de la vie ; la coupe est vide aujourd'hui. Il semblerait que le seul fruit que nous ayons recueilli de l'existence fût la prudence qu'il nous eût été utile d'avoir pour en fournir la carrière, et l'on serait tenté d'attendre qu'après cette instructive répétition la scène véritable se rouvrît devant nous. Cependant une tout autre scène nous appelle, et nous ne regrettons pas les illusions qui nous ont trompés, dont nous avons joui, et dont le souvenir nous est encore cher. J'ose espérer que,

daß es nun unserm alten Freunde besser ergehen muß, als damals.«

»Auch in mir«, erwiderte die schöne Witwe, und sie gingen an mir vorüber.

Dieses Gespräch hatte einen tiefen Eindruck in mir zurückgelassen; aber ich zweifelte im Geiste, ob ich mich zu erkennen geben oder unerkannt von dannen gehen sollte. – Ich entschied mich. Ich ließ mir Papier und Bleistift geben, und schrieb die Worte:

»Auch Eurem alten Freunde ergeht es nun besser als damals, und büßet er, so ist es Buße der Versöhnung.«

Hierauf begehrte ich mich anzuziehen, da ich mich stärker befände. Man holte den Schlüssel zu dem kleinen Schrank, der neben meinem Bette stand, herbei. Ich fand alles, was mir gehörte, darin. Ich legte meine Kleider an, hing meine botanische Kapsel, worin ich mit Freuden meine nordischen Flechten wieder fand, über meine schwarze Kurtka um, zog meine Stiefel an, legte den geschriebenen Zettel auf mein Bett, und so wie die Tür aufging, war ich schon weit auf dem Wege nach der Thebais.

Wie ich längs der syrischen Küste den Weg, auf dem ich mich zum letzten Mal vom Hause entfernt hatte, zurücklegte, sah ich mir meinen armen Figaro entgegen kommen. Dieser vortreffliche Pudel schien

comme nous, notre vieil ami est aujourd'hui plus heureux qu'il ne l'était alors.

— Je trouve en moi la même confiance, répondit la belle veuve.

Et tous deux passèrent devant mon lit et s'éloignèrent.

Cet entretien m'avait profondément affecté, et je balançais en moi-même si je me ferais connaître ou si je partirais inconnu. Enfin je me décidai ; je me fis donner du papier et un crayon, et je traçai ces mots :

> « *Votre vieil ami est, ainsi que vous, plus heureux aujourd'hui qu'il ne l'était alors ; et s'il expie sa faute, c'est après s'être réconcilié.* »

Puis, je demandai, me trouvant assez fort, à me lever. On me donna la clef d'une petite armoire qui était au chevet de mon lit ; j'y retrouvai tout ce qui m'appartenait. Je m'habillai ; je suspendis par dessus ma kourtke noire ma boîte à botaniser, dans laquelle je retrouvai, avec plaisir, les lichens que j'avais recueillis sur les côtes de Norvège le jour de mon accident. Je mis mes bottes, plaçai sur mon lit le billet que j'avais préparé, et, dès que les portes s'ouvrirent, j'étais loin du Schlemihlium, sur le chemin de la Thébaïde.

Comme je suivais le long des côtes de la Syrie la route que j'avais tenue la dernière fois que je m'étais éloigné de ma demeure, j'aperçus mon barbet, mon fidèle Figaro, qui venait au devant de moi. Cet excellent animal semblait

seinem Herrn, den er lange zu Hause erwartet haben mochte, auf der Spur nachgehen zu wollen. Ich stand still und rief ihm zu. Er sprang bellend an mich mit tausend rührenden Äußerungen seiner unschuldigen ausgelassenen Freude. Ich nahm ihn unter den Arm, denn freilich konnte er mir nicht folgen, und brachte ihn mit mir wieder nach Hause.

Ich fand dort alles in der alten Ordnung, und kehrte nach und nach, so wie ich wieder Kräfte bekam, zu meinen vormaligen Beschäftigungen und zu meiner alten Lebensweise zurück. Nur daß ich mich ein ganzes Jahr hindurch der mir ganz unzuträglichen Polar-Kälte enthielt.

Und so, mein lieber Chamisso, leb ich noch heute. Meine Stiefel nutzen sich nicht ab, wie das sehr gelehrte Werk des berühmten Tieckius, *»De rebus gestis Pollicilli«*, es mich anfangs befürchten lassen. Ihre Kraft bleibt ungebrochen; nur meine Kraft geht dahin, doch hab ich den Trost, sie an einen Zweck in fortgesetzter Richtung und nicht fruchtlos verwendet zu haben. Ich habe, so weit meine Stiefel gereicht, die Erde, ihre Gestaltung, ihre Höhen, ihre Temperatur, ihre Atmosphäre in ihrem Wechsel, die Erscheinungen ihrer magnetischen Kraft, das Leben auf ihr, besonders im Pflanzenreiche, gründlicher kennen gelernt, als vor mir irgend ein Mensch.

chercher, en suivant mes traces, un maître que sans doute il avait longtemps attendu en vain. Je m'arrêtai, je l'appelai, et il accourut à moi en aboyant et en me donnant mille témoignages touchants de sa joie. Je le pris dans mes bras, car assurément il ne pouvait suivre, et je le portai jusque dans ma cellule.

Je revis ce séjour avec une joie difficile à exprimer ; j'y retrouvai tout en ordre, et je repris, petit à petit, et à mesure que je recouvrai mes forces, mes occupations accoutumées et mon ancien genre de vie. Mais le froid des pôles ou des hivers des zones tempérées me fut longtemps insupportable.

Mon existence, mon cher Adelbert, est encore aujourd'hui la même. Mes bottes ne s'usent point, elles ne perdent rien de leur vertu, quoique la savante édition que Tickius nous a donnée *de rebus gestis Pollicilli* me l'ait d'abord fait craindre. Moi seul je m'use avec l'âge ; mais j'ai du moins la consolation d'employer ces forces que je sens décliner, à poursuivre avec persévérance le but que je me suis proposé. Tant que mes bottes m'ont porté, j'ai étudié notre globe, sa forme, sa température, ses montagnes, les variations de son atmosphère, sa force magnétique, les genres et les espèces des êtres organisés qui l'habitent.

Ich habe die Tatsachen mit möglichstes Genauigkeit in klarer Ordnung aufgestellt in mehrern Werken, meine Folgerungen und Ansichten flüchtig in einigen Abhandlungen niedergelegt. Ich werde Sorge tragen, daß vor meinem Tode meine Manuskripte bei der Berliner Universität niedergelegt werden.

Und Dich, mein lieber Chamisso, hab ich zum Bewahrer meiner wundersamen Geschichte erkoren, auf daß sie vielleicht, wenn ich von der Erde verschwunden bin, manchen ihrer Bewohner zur nützlichen Lehre gereichen könne. Du aber, mein Freund, willst Du unter den Menschen leben, so lerne verehren zuvörderst den Schatten, sodann das Geld. Willst Du nur Dir und Deinem bessern Selbst leben, o so brauchst Du keinen Rat. ◆

J'ai déposé les faits avec ordre et clarté dans plusieurs ou-vrages, et j'ai noté en passant, sur quelques feuilles volantes, les résultats auxquels ils m'ont conduit, et les conjectures qui se sont offertes à mon imagination. Je prendrai soin qu'avant ma mort mes manuscrits soient remis à l'université de Berlin.

Enfin, mon cher Adelbert, c'est toi que j'ai choisi pour dépositaire de ma merveilleuse histoire, dans laquelle, lorsque j'aurai disparu de dessus la terre, plusieurs de ses habitants pourront trouver encore d'utiles leçons. Quant à toi, mon ami, si tu veux vivre parmi les hommes, apprends à révérer, d'abord l'ombre, ensuite l'argent. Mais si tu ne veux vivre que pour toi et ne satisfaire qu'à la noblesse de ton être, tu n'as besoin d'aucun conseil. ∎

Explicit

Fin

Fin

DANS LA MÊME ÉDITION BILINGUE + AUDIO INTÉGRÉ :

- NIETOTCHKA NEZVANOVA (Fiodor Dostoïevski)   *russe-français*
- LE PETIT HÉROS (Fiodor Dostoïevski)   *russe-français*
- LE VIY (Nicolas Gogol)   *russe-français*
- LE NEZ (Nicolas Gogol)   *russe-français*
- LE PORTRAIT (Nicolas Gogol)   *russe-français*
- TARASS BOULBA (Nicolas Gogol)   *russe-français*
- LE JOURNAL D'UN FOU (Nicolas Gogol)   *russe-français*
- LA MÈRE (Maxime Gorki)   *russe-français*
- LA PAUVRE LISE (Nikolaï Karamzine)   *russe-français*
- LA DAME DE PIQUE (Alexandre Pouchkine)   *russe-français*
- LA FILLE DU CAPITAINE (Alexandre Pouchkine)   *russe-français*
- TROIS CONTES RUSSES (Mikhaïl Saltykov-Chtchédrine)   *russe-français*
- LA MORT D'IVAN ILITCH (Léon Tolstoï)   *russe-français*
- LE FAUX-COUPON (Léon Tolstoï)   *russe-français*
- PÈRES ET FILS (Ivan Tourgueniev)   *russe-français*

- ROUDINE (Ivan Tourgueniev) *russe-français*
- NOUS AUTRES (Ievgueni Zamiatine) *russe-français*
- AGNÈS GREY (Anne Brontë) *anglais-français*
- WUTHERING HEIGHTS (Emily Brontë) *anglais-français*
- LA RACE À VENIR (Edward Bulwer-Lytton) *anglais-français*
- LE NOMMÉ JEUDI (G. K. Chesterton) *anglais-français*
- L'HÔTEL HANTÉ (Wilkie Collins) *anglais-français*
- GASPAR RUIZ (Joseph Conrad) *anglais-français*
- MA VIE D'ESCLAVE AMÉRICAIN (Frederick Douglass) *anglais-français*
- MA VIE, MON ŒUVRE (Henry Ford) *anglais-français*
- LISETTE LEIGH (Elizabeth Gaskell) *anglais-français*
- LA FILLE DE RAPPACCINI (Nathaniel Hawthorne) *anglais-français*
- LE LIVRE DES MERVEILLES (Nathaniel Hawthorne) *anglais-français*
- SLEEPY HOLLOW (Washington Irving) *anglais-français*
- LE TOUR D'ÉCROU (Henry James) *anglais-français*
- LES PAPIERS D'ASPERN (Henry James) *anglais-français*
- RASSELAS, PRINCE D'ABYSSINIE (Samuel Johnson) *anglais-français*
- L'HOMME QUI VOULUT ÊTRE ROI (Rudyard Kipling) *anglais-français*
- LE LIVRE DE LA JUNGLE (Rudyard Kipling) *anglais-français*
- JOHN BARLEYCORN (Jack London) *anglais-français*
- LES VAGABONDS DU RAIL (Jack London) *anglais-français*
- L'ASSERVISSEMENT DES FEMMES (John Stuart Mill) *anglais-français*
- LE VAMPIRE (John Polidori, Lord Byron) *anglais-français*
- ROMÉO ET JULIETTE (William Shakespeare) *anglais-français*
- HAMLET (William Shakespeare) *anglais-français*
- OTHELLO (William Shakespeare) *anglais-français*
- OLALLA (R. L. Stevenson) *anglais-français*
- L'ÎLE AU TRÉSOR (R. L. Stevenson) *anglais-français*
- L'ÉTRANGE CAS DE DR JEKYLL ET M. HYDE (Stevenson) *anglais-français*
- WALDEN, OU LA VIE DANS LES BOIS (Thoreau) *anglais-français*
- LA DÉSOBÉISSANCE CIVILE (Thoreau) *anglais-français*
- PLUS FORT QUE SHERLOCK HOLMES (Mark Twain) *anglais-français*
- LA MACHINE À EXPLORER LE TEMPS (H. G. Wells) *anglais-français*

Impression CreateSpace
à Charleston SC, en octobre 2019.

Imprimé aux États-Unis.